# Inhalt

# Auf ein Neues!

## 1 Ferienfotos

**1a** Welcher Titel gehört zu welchem Bild?

1

2

3

4

5

6

**a** Hier bin ich mit meiner Familie am Strand. Johannes

**b** Ich lerne Surfen. Verena

**c** Wir campen am Mittelmeer. Renate

**d** Bergauf! Ute

**e** Ich spiele Tennis mit meinem Bruder. Heike

**f** Wir picknicken im Wald. Jürgen

**1b** Hör zu! Wer spricht? (1–8)

**1c** Partnerarbeit: Schreibt einen passenden Titel zu jedem Bild!

**2** Memorykontrolle! Was machst du?

**3a** Hör zu! Was machen sie gern und was machen sie nicht so gern?
Füll die Tabelle aus!

**3b** Partnerarbeit: Was macht dein Partner/deine Partnerin gern und was macht er/sie nicht so gern?

**Sprachtips**

| *Fährst du (Ich fahre) | | Rad? |
|---|---|---|
| Gehst du (Ich gehe) | gern | spazieren? |
| *Liest du (Ich lese) | | Bücher? |
| Machst du (Ich mache) | nicht gern | deine/meine Hausaufgaben? |
| *Siehst du (Ich sehe) | | fern? |
| Spielst du (Ich spiele) | | Fußball/Tennis usw? |

**3c** Was machst du gern und was machst du nicht gern?
Mach eine Liste!
**Beispiel:** Ich gehe gern ins Kino usw.

**3d** Was macht dein Partner/deine Partnerin gern und was macht er/sie nicht gern?
Schreib einen Bericht:

**Sprachtips**

| Mein Partner | geht/macht/schwimmt/tanzt/ | gern… |
|---|---|---|
| Meine Partnerin | fährt/sieht/liest/reitet | nicht gern… |

## Zu Hause

Memorykontrolle! Bild Paare…

1 Ich verstehe nicht.
2 Nochmal bitte.
3 Langsamer, bitte.
4 Ich weiß es nicht.
5 Wie bitte?
6 Es tut mir leid.
7 Darf ich…?
8 Wie schreibt man das?
9 Wie heißt … auf englisch?
10 Vielen Dank!

a *May I … ?*
b *How do you spell it?*
c *I'm sorry.*
d *What is … in English?*
e *More slowly, please.*
f *Thank you.*
g *I don't know.*
h *I don't understand.*
i *Again, please.*
j *Pardon?*

…und lern sie auswendig!

## 2 ▸ Wo warst du in den Sommerferien?

Ich war mit meiner Familie auf der Insel Sylt. Wir haben in einem Bungalow gewohnt. Wir sind oft am Strand spazierengegangen und wir haben Radtouren durch die Dünen gemacht. Ich habe ein paar nette Freunde kennengelernt.

Alexandra

**a**

Wir sind nach Italien geflogen. Wir waren in der Nähe von Venedig. Wir haben in einer Pension gewohnt. Venedig ist eine sehr schöne Stadt. Ich habe jede Menge Eis gegessen.
Sebastian

**b**

Ich bin zu Hause geblieben, aber an einem Tag habe ich eine Rad-tour mit meinem Bruder gemacht, und wir haben eine Nacht auf einem Bauernhof gezeltet. Es hat richtig Spaß gemacht.
Nadine

**c**

Ich war eine Woche bei meiner Tante, die in der Nähe von Bonn wohnt, und ich bin mit meinen Cousinen ins Phantasialand gefahren (ein Freizeitpark in der Nähe von Bonn). Wir sind auch nach Köln gefahren, und wir haben eine Bootsfahrt auf dem Rhein gemacht.
Benjamin

**d**

Ich bin mit meiner Familie nach Südfrankreich gefahren. Meine Eltern haben im Wohnwagen geschlafen, und mein Bruder und ich haben in einem Zelt geschlafen. Das war alles in Ordnung, nur ich komme nicht so gut mit meinem Bruder aus.
Arno

**e**

**1a** Wer ist es?

**1b** Falsch oder richtig? Stimmt das oder stimmt das nicht?

**a** Alexandra hat in einem Wohnwagen gewohnt.

**b** Sebastian ist nach Kreta geflogen.

**c** Arno hat eine Schwester.

**d** Benjamins Tante wohnt in der Nähe vom Phantasialand.

**e** Nadine fährt gern Rad.

**f** Sebastian ißt gerne Eis!

**1c** Verbessere die falschen Sätze!

**1d** Hör zu! Wer spricht? Hat es Spaß gemacht? (1–5)

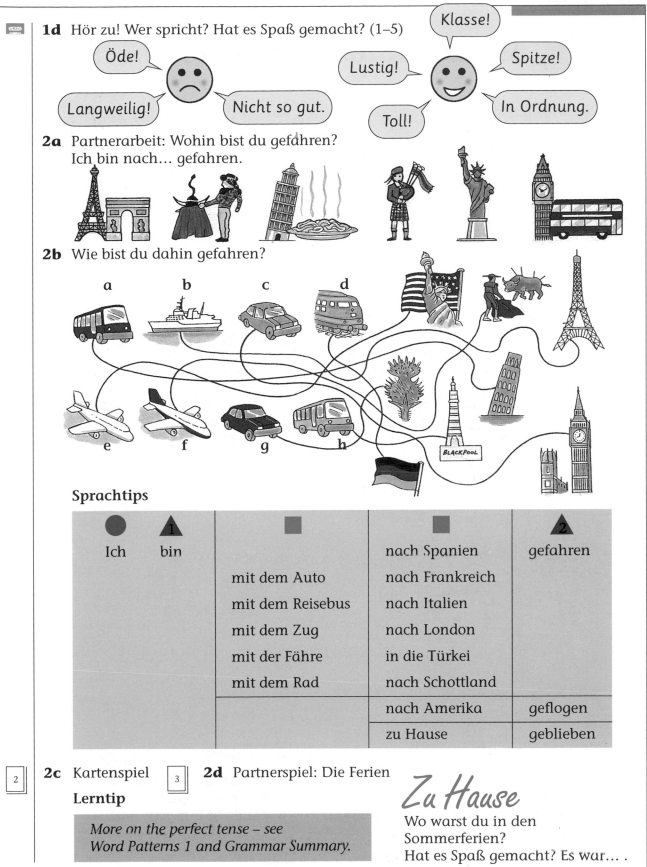

Öde!

Klasse!

Lustig!

Spitze!

Langweilig!

Nicht so gut.

Toll!

In Ordnung.

**2a** Partnerarbeit: Wohin bist du gefahren?
Ich bin nach… gefahren.

**2b** Wie bist du dahin gefahren?

a   b   c   d

e   f   g   h

BLACKPOOL

**Sprachtips**

| ● ▲1 | | ■ | ■ | ▲2 |
|---|---|---|---|---|
| Ich bin | | | nach Spanien | gefahren |
| | mit dem Auto | | nach Frankreich | |
| | mit dem Reisebus | | nach Italien | |
| | mit dem Zug | | nach London | |
| | mit der Fähre | | in die Türkei | |
| | mit dem Rad | | nach Schottland | |
| | | | nach Amerika | geflogen |
| | | | zu Hause | geblieben |

**2c** Kartenspiel   **2d** Partnerspiel: Die Ferien

**Lerntip**

*More on the perfect tense – see*
*Word Patterns 1 and Grammar Summary.*

*Zu Hause*
Wo warst du in den
Sommerferien?
Hat es Spaß gemacht? Es war… .

# 3 Während der Ferien

**1a** Was hat Carsten während der
Ferien gemacht?

| | | |
|---|---|---|
| **a** Ich **bin** radgefahren | | **e** Ich **habe** Tennis gespielt |
| **b** Ich **bin** geschwommen | | **f** Ich **habe** mich gesonnt |
| **c** Ich **habe** gezeltet | | **g** Ich **habe** gesurft |
| **d** Ich **habe** gelesen | | **h** Ich **bin** ins Kino gegangen |

**1b** Hör zu und füll die Tabelle aus! Was haben sie gemacht?

**2** Übe mit einem Partner/einer Partnerin:

> Was hast du gemacht?

> Ich habe.../Ich bin...

**Sprachtips**

| | | |
|---|---|---|
| Ich **habe**<br>**Hast** du...? | | **gefaulenzt** |
| | Comics/Bücher | **gelesen** |
| | Fußball/Basketball | **gespielt** |
| | mich/dich | **gesonnt** |
| | | **getanzt** |
| Ich **bin**<br>**Bist** du...? | mit Freunden | **radgefahren** |
| | | **geschwommen** |
| | zu Hause | **geblieben** |
| | ins Kino/in die Stadt | **gegangen** |

**3a** Was hast du in den Ferien gemacht? Mach eine Liste!

**3b** Partnerarbeit: Was hat dein Partner/deine Partnerin gemacht? Schreib acht Fragen auf! Frag deinen Partner/deine Partnerin:

> Hast du...?     Bist du...?

**3c** Memoryspiel: Die Sommerferien. Ich habe Tennis gespielt und...usw.

**4** Wie waren Petras Ferien? Schreib den Text ab und vervollständige ihn!

Ich bin _____ nach _____ gefahren. Ich bin viel _____, und ich habe _____. Nachmittags bin ich oft mit Freunden _____ oder ich habe _____. Abends bin ich _____ oder ich habe _____ oder ich habe _____. Es hat wirklich Spaß gemacht.

**5** Wie waren die Ferien?

## Zu Hause

Was hast du gemacht? Wie waren deine Ferien?

Ich bin...   Ich habe...

Es war sehr heiß/sonnig/windig/kalt. Es hat viel geregnet.
Es war fantastisch/langweilig... Es hat Spaß gemacht.

## 4  Jessicas Tagebuch

**Montag:**
Sehr heiß.
Ich bin ins Freibad gegangen,
ich bin geschwommen und habe
mich gesonnt.

Anna liebt Matthias Nils!

**Dienstag:**
Ich habe einen starken Sonnenbrand gekriegt!
Ich bin spät aufgestanden. Am Nachmittag habe
ich mit Heike Tennis gespielt (und gewonnen!).
Am Abend sind wir tanzen gegangen.

**Mittwoch:**
Es hat geregnet. Am Vormittag bin ich im
Bett geblieben und habe Musik gehört, gelesen
und Fernsehen geguckt. Am Abend bin ich mit
Heike radgefahren.

**Donnerstag:**
Noch bewölkt. Ich bin mit Heike und
ihrer Mutter in die Stadt gefahren. Wir haben
einen Stadtbummel gemacht und dann ein
Eis in der Eisdiele gegessen.

**Freitag:**
Ich bin mit Heike im Meer geschwommen und
wir haben einen langen Spaziergang den Strand
entlang gemacht. Wir haben ein paar französische
Jungen kennengelernt.

**1a** Partnerarbeit. Was hat Jessica gemacht?

**Beispiel:**

Was hat sie am Montag gemacht?

■ ▲1 ● ▲2

Am Montag hat/ist sie ... usw.

**1b** Phantasiespiel. Was hat sie am Wochenende gemacht?

**1c** Hör zu! Am Telefon. An welchen Tagen hat sie angerufen?

**2** Hier ist dein Tagebuch. Was hast du gemacht?

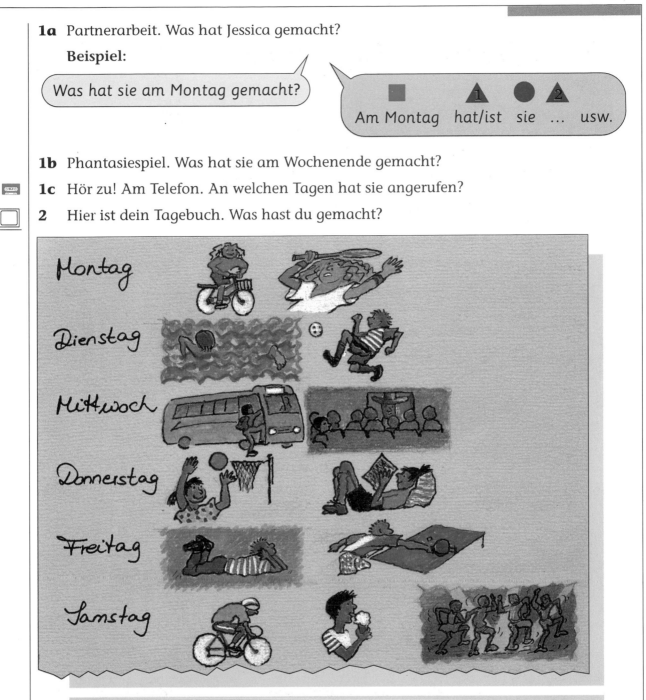

## Zwischentest 1

I can ...

■ say what I like to do on holiday, where I have been and what I have done and if I enjoyed it
■ ask someone where they have been, what they have done and if they enjoyed it
■ say if I don't understand and ask for help

# Auf Deutsch!

## Machst du immer deine Hausaufgaben?

**1** Wann machst du deine Hausaufgaben?
a Sofort, wenn ich nach Hause komme, bevor ich esse.
b Kurz bevor ich ins Bett gehe.
c Am nächsten Tag, unterwegs zur Schule.
d Ich mache keine Hausaufgaben.

**2** Wo machst du deine Hausaufgaben?
a In meinem Zimmer, wo es ruhig ist.
b In der Küche.
c Im Bus unterwegs zur Schule.
d Ich mache keine Hausaufgaben.

**3** Was machst du dabei?
a Nichts. Ich konzentriere mich auf die Hausaufgaben.
b Ich höre Musik auf meinem Walkman.
c Ich sehe fern.
d Ich mache keine Hausaufgaben.

**4** Was stört dich bei den Hausaufgaben?
a Nichts.
b Mein Bruder/Meine Schwester.
c Der Fernseher.
d Ich habe dir doch gesagt, ich mache keine Hausaufgaben!

**5** Bekommst du gute Noten?
a Ich bekomme immer gute Noten, eine Eins oder eine Zwei.
b Die Noten sind nicht schlecht, sie könnten aber besser sein.
c Besser nichts sagen!
d Zum letzen Mal, ich mache keine Hausaufgaben!

**a**=3 Punkte **b**=2 Punkte
**c**=1 Punkt **d**=0 Punkte

| | |
|---|---|
| 15–13 | sehr gut |
| 12–9 | gut |
| 8–6 | befriedigend |
| 5–3 | ausreichend |
| 2–1 | mangelhaft |
| 0 | ungenügend: Gehst du überhaupt in die Schule? |

Was ist das?
RICHT
DEUTSCH
Deutschunterricht.

stört=*disturbs*

**Welches ist zuviel?**

| | | | | |
|---|---|---|---|---|
| a | Mathe | Biologie | Hamster | Physik |
| b | Bleistift | Auto | Straßenbahn | Zug |
| c | rot | blau | gelb | orange |
| d | Jupiter | Mars | die Sonne | die Erde |
| e | Salz | Pfeffer | Senf | Tisch |
| f | hundert | klein | groß | dick |
| g | Baum | Blume | Kaktus | Kuh |
| h | Mund | Jacke | Ohr | Auge |
| i | Pferd | Museum | Schule | Bahnhof |

der Beweis = *evidence*
auf dem rechten Weg = *on the right track*
das Zeichen = *sign*

tot – *dead*
versteckt = *hidden*

# 6 Das Alphabet

Selbstlaute: **AEIOUÄÖÜ**

Mitlaute: **BCDFGHJKLMNPQRSTVWXYZ**

**1a** Memorykontrolle. Kennst du das Alphabet immer noch?
Hör zu und wiederhole!

**1b** Hör zu! Wie heißen sie und wo wohnen sie? (1–5)

**1c** Partnerarbeit: Wie heißt du und wo wohnst du?
Wie schreibt man das?

**1d** Partnerspiel: Wie heißen sie und wo wohnen sie?

## Wortspiele

**2a** Wie heißen die Antworten?

| | |
|---|---|
| A eine Obstsorte | B ein Körperteil |
| D eine Frau | F eine Mahlzeit |
| K hier kann man kochen | L das Gegenteil von Stadt |
| M 12 Uhr | H hier kann man wohnen |
| G ein Musikinstrument | P ein Tier |
| W das kann man essen | V es fliegt und singt |
| Z ein Verkehrsmittel | T ein Möbelstück |
| R das habe ich in meinem Etui | S hier kann man schlafen |

**2b** Macht eine eigene Liste und spielt weiter!

**3** Galgenraten. Welche Buchstaben fehlen?

Ein deutscher Politiker _e__u_ Ko__
Eine amerikanische Sängerin _a_o__a
Ein englischer Fußballspieler _a__ _a__oi_ne

Überlegt euch weitere Beispiele und spielt weiter!

**4a** Welche Wörter kannst du machen?

j h r e k i c

r b ü e c d k

s d a u h e m

n a g e r w m

t n e r a g b

z t e p a s k

**4b** Spielt weiter: Jeder Spieler bekommt sieben Karten. Er/sie muß ein Wort bilden, so daß er/sie möglichst viele Punkte bekommt. Für jeden Selbstlaut (Vokal) bekommt man einen Punkt und für jeden Mitlaut (Konsonant) bekommt man zwei Punkte. Dann bekommt man noch Karten, so daß man wieder sieben Karten hat. Die Punkte werden zusammengerechnet, und der Spieler mit den meisten Punkten gewinnt.

Wie heißen Sie?

Na, ja gut. Das nächste Mal fahren Sie ein bißchen langsamer!

NABOCKIWYZCZINSKY.

*Zu Hause*

Anagramme: Wie heißen diese deutschen Städte?

1 PIGLIEZ
2 NAMENHIM
3 SENDERD

4 CHÜNMEN
5 REALKRUSH
6 NEMBER

Schreib noch vier für einen Partner/eine Partnerin!

# Wann treffen wir uns?

**7**

**1a** Memorykontrolle.
Partnerarbeit:
Wie spät ist es?

a
b
c
d
e
f
g
h
i

**1b** Digitaluhren

a `8.36`  b `10.28`  c `11.49`  d `12.05`  e `13.52`  f `15.44`

g `19.20`  h `20.45`  i `21.25`  j `22.30`  k `23.55`

**2** Partnerspiel: Die Zahlen.

**3a** Hör zu und schreib auf! Wann und wo treffen wir uns? (1–8)

**3b** Partnerarbeit.

**Beispiel:**

Wann und wo treffen wir uns?

Wir treffen uns um vier Uhr bei mir zu Hause.

**Sprachtips**

Wir treffen uns…

|  | der/das | die |
|---|---|---|
| um vier Uhr | am Bahnhof. | an der Bushaltestelle. |
| um halb elf | vor dem Kino. | vor der Schule. |
| um Viertel vor fünf | im Café. | in der Stadt. |
| um fünf vor zwei | am Hallenbad. | vor der Bank. |
| morgen früh | am Tennisplatz. |  |
| heute nachmittag |  |  |

10

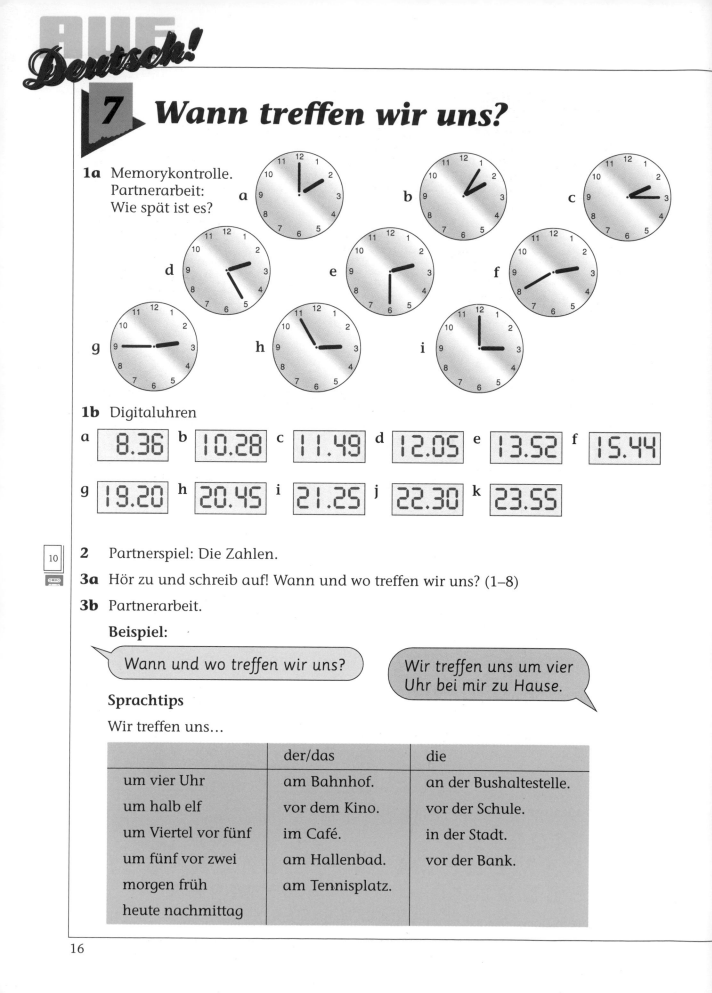

**4a** Hör zu! Wohin fahren wir? (1–8)

| 10.07 | Berlin | 10.25 | *IC* Wien |
|-------|--------|-------|-----------|
| 10.09 | Mannheim | 10.28 | Rosenheim |
| 10.13 | Karlsruhe | 10.32 | Salzburg |
| 10.17 | Freiburg | 10.33 | München |
| 10.23 | München | 10.41 | Garmisch-Partenkirchen |
| 10.24 | *IC* Hamburg | 10.52 | Heidelberg |

**4b** Partnerarbeit. Wähle ein Reiseziel aus! Sag deinem Partner/deiner Partnerin, wann der Zug fährt! Er/sie errät, wohin du fährst.

**Beispiel:**

*Der Zug fährt um… . Wohin fahre ich?*

*Du fährst nach Wien.*

*Richtig. Jetzt bist du dran!*

11

*Zu Hause*
Wie spät ist es?

## 8 Im Klassenzimmer

**1a** Partnerarbeit: Memorykontrolle.
Wie heißen die Gegenstände?

| | | | |
|---|---|---|---|
| der Anspitzer | das Geodreieck | das Lineal | der Schreibblock |
| der Bleistift | das Heft | der Radiergummi | der Taschenrechner |
| die Buntstifte | der Hefter | die Reißzwecke | Tipp-Ex |
| die Büroklammer | der Klebestift | die Schere | das Wörterbuch |
| die Filzstifte | der Kuli | der Schmierzettel | der Zirkel |

**1b** Memoryspiel. Macht das Buch zu!
Was liegt auf dem Tisch? (Es sind zwanzig Gegenstände!)

Es gibt einen…/eine…/ein…

**2** Partnerarbeit: Was hat Timo in seinem Etui?

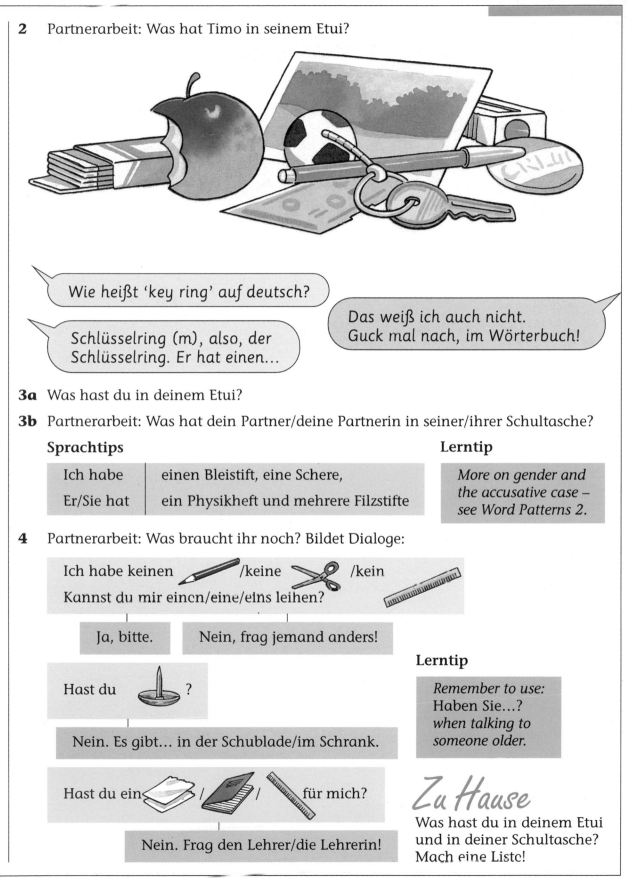

Wie heißt 'key ring' auf deutsch?

Schlüsselring (m), also, der Schlüsselring. Er hat einen...

Das weiß ich auch nicht. Guck mal nach, im Wörterbuch!

**3a** Was hast du in deinem Etui?

**3b** Partnerarbeit: Was hat dein Partner/deine Partnerin in seiner/ihrer Schultasche?

**Sprachtips**

| Ich habe | einen Bleistift, eine Schere, |
|---|---|
| Er/Sie hat | ein Physikheft und mehrere Filzstifte |

**Lerntip**

*More on gender and the accusative case – see Word Patterns 2.*

**4** Partnerarbeit: Was braucht ihr noch? Bildet Dialoge:

Ich habe keinen /keine /kein
Kannst du mir einen/eine/eins leihen?

Ja, bitte.    Nein, frag jemand anders!

**Lerntip**

*Remember to use:*
Haben Sie...?
*when talking to someone older.*

Hast du ？

Nein. Es gibt... in der Schublade/im Schrank.

Hast du ein / / für mich?

*Zu Hause*
Was hast du in deinem Etui und in deiner Schultasche? Mach eine Liste!

Nein. Frag den Lehrer/die Lehrerin!

# 9 ▸ *Lernzielkontrolle*

I can...

| | | |
|---|---|---|
| **1** | say what I like to do on holiday: | Ich fahre gern Rad. Und du? Fährst du auch gern Rad? |
| **2** | say where I have been and what I have done and if I enjoyed it: | Ich bin zu Hause geblieben, habe gelesen und bin in die Stadt gegangen. Ich bin nach Spanien geflogen, bin geschwommen und habe Eis gegessen. Es hat richtig Spaß gemacht. |
| **3** | ask someone where they have been, what they have done and if they enjoyed it: | Wo warst du? Was hast du gemacht? Hat es dir Spaß gemacht? |
| **4** | say if I don't understand and ask for help: | Ich verstehe nicht. Wie heißt ... auf englisch? |
| **5** | ask how something is spelt: | Wie schreibt man das? Wie buchstabiert man das? |
| **6** | say the alphabet and spell my own name and the name of the town where I live. | |
| **7** | ask and tell the time: | Wie spät ist es? Es ist ... Uhr. |
| **8** | make arrangements to meet: | Wir treffen uns um ... Uhr vor der Schule. |
| **9** | ask for something in the classroom: | Hast du/Haben Sie eine Büroklammer? Kannst du mir einen Radiergummi leihen? |
| **10** | say I don't know something and tell someone to look it up: | Das weiß ich auch nicht. Guck mal im Wörterbuch nach. |

# *Wiederholung*

## *A Sprechen*

**1** Was weißt du über Ariane?

**Steckbrief**

Name: ...... Ariane Neudorfer ......

Alter: ...... 13 Jahre ......

Geburtstag: ...... 22. Juli ......

Sternzeichen: ...... Krebs ......

Geburtsort: ...... Kassel ......

Wohnort: ...... Bad Hersfeld ......

Postleitzahl: ...... D-36251 ......

Telefon: ...... 11 53 16 ......

Familie: ...... 1 Br. ......

Freizeit: ...... Musik und Sport ......

Lieblingsfach: ...... Sport ......

Lieblingsfarbe: ...... Blau ......

Lieblingstier: ...... Pferd ......

**Sprachtips**

| Sie ist... | |
|---|---|
| Sie hat... | |
| Ihr Lieblingsfach | ist... |
| Ihre Lieblingsfarbe | |

## *B Lesen*

**2** Falsch oder richtig?

1 Ariane wohnt in Bad Hersfeld.
2 Sie ist in Bad Hersfeld geboren.
3 Ihr Geburtstag ist im Winter.
4 Sie hat keinen Bruder.
5 Sie macht gern Mathe.
6 Sie hat Tiere nicht gern.

## *C Hören*

**12a**

**3** Füll den Steckbrief für Timo aus!

## *D Schreiben*

**12b**

**4** Füll den Steckbrief für dich aus!

# Unsere Schule

**1** ▶ **Die Gesamtschule Geistal**

Toiletten

Flur

Lehrer~zimmer

Kunst~raum

Musik~raum

Flur

Koch~raum

Flur

Sekre~tariat

Haupteingang

Flur

Klassenzimmer

**1a** Hör zu! Wo sind sie? (1–10)

| | | |
|---|---|---|
| **a** im Lehrerzimmer | **f** im Klassenzimmer | **k** im Sekretariat |
| **b** in den Toiletten | **g** im Kiosk | **l** im Kunstraum |
| **c** im Pausenhof | **h** in der Bibliothek | **m** in der Sporthalle |
| **d** im Flur | **i** im Kochraum | **n** im Computerraum |
| **e** im Musikraum | **j** im Chemieraum | **o** im Schulgarten |

14

**1b** Beschrifte die Zimmer auf dem Plan!

## Ein Plan von unserer Schule

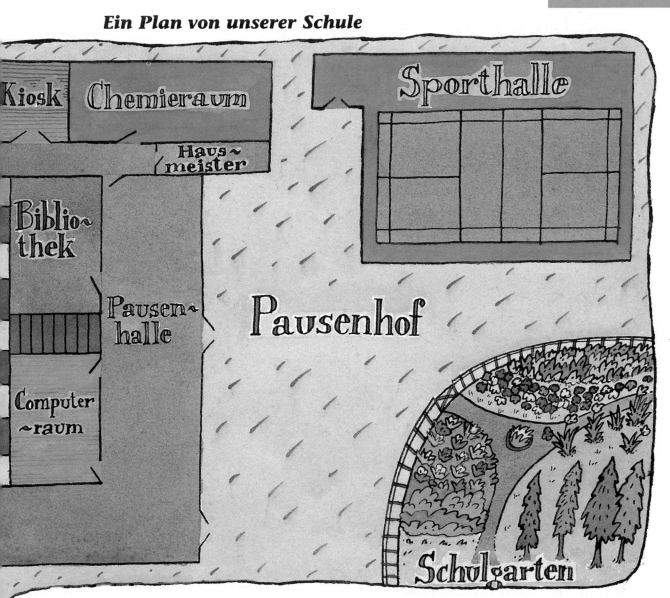

**2a** Hör zu! Wohin gehen sie? Man steht vor dem Haupteingang.

**2b** Partnerarbeit. In eurer Schule. Wie kommt man...?
Wie kommt man ins Lehrerzimmer?

**Sprachtips**

Zeichne und beschrifte einen Plan von deiner Schule!

| Du gehst | hier rechts/links/geradeaus |
|---|---|
| Sie gehen | die Treppe hoch/runter |
| | den Flur entlang |
| | über den Pausenhof |
| | in den zweiten Flur links |
| | durch die Aula/Bibliothek/Eingangshalle |
| Es ist die erste/zweite/dritte Tür links/rechts | |

# Auf Deutsch!

## 2 ▸ Mein Stundenplan

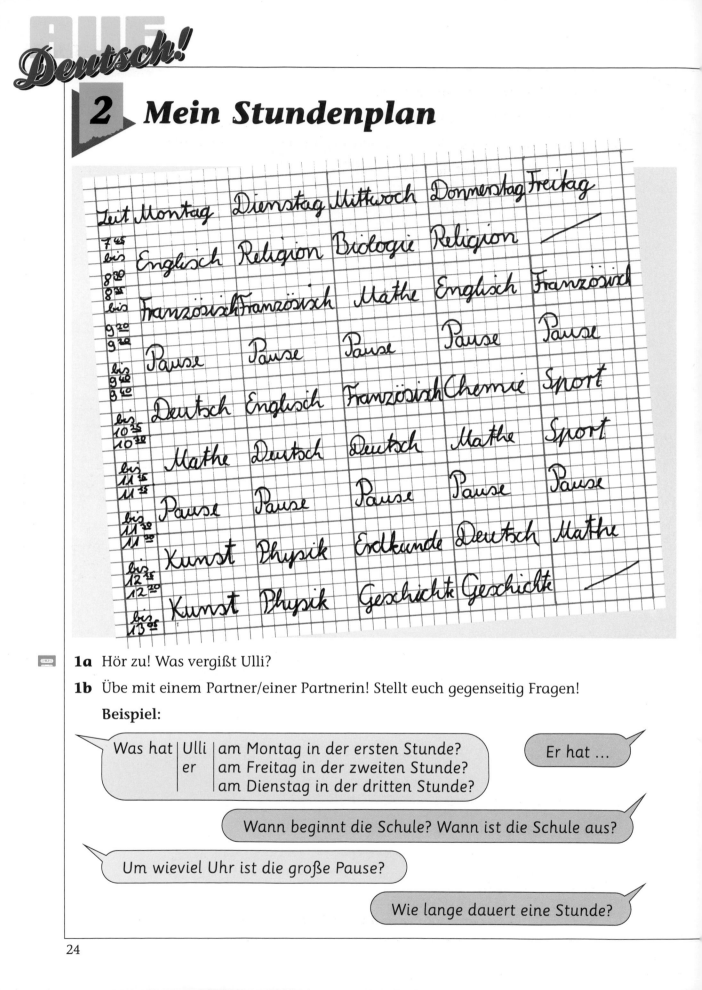

| Zeit | Montag | Dienstag | Mittwoch | Donnerstag | Freitag |
|---|---|---|---|---|---|
| 7⁴⁵ bis 8³⁰ | Englisch | Religion | Biologie | Religion | |
| 8³⁵ bis 9²⁰ | Französisch | Französisch | Mathe | Englisch | Französisch |
| 9²⁰ bis 9⁴⁰ | Pause | Pause | Pause | Pause | Pause |
| 9⁴⁰ bis 10²⁵ | Deutsch | Englisch | Französisch | Chemie | Sport |
| 10³⁰ bis 11¹⁵ | Mathe | Deutsch | Deutsch | Mathe | Sport |
| 11¹⁵ bis 11³⁰ | Pause | Pause | Pause | Pause | Pause |
| 11³⁰ bis 12¹⁵ | Kunst | Physik | Erdkunde | Deutsch | Mathe |
| 12²⁰ bis 13⁰⁵ | Kunst | Physik | Geschichte | Geschichte | |

**1a** Hör zu! Was vergißt Ulli?

**1b** Übe mit einem Partner/einer Partnerin! Stellt euch gegenseitig Fragen!

**Beispiel:**

> Was hat | Ulli | am Montag in der ersten Stunde?
> | er | am Freitag in der zweiten Stunde?
> | | am Dienstag in der dritten Stunde?

> Er hat ...

> Wann beginnt die Schule? Wann ist die Schule aus?

> Um wieviel Uhr ist die große Pause?

> Wie lange dauert eine Stunde?

**2**  Hör zu! Füll Utes Stundenplan aus!

**3**  Schreib eine Kopie (auf deutsch) von deinem Stundenplan für Ute!

**4a**  Hör zu! Was machen sie gern, und was machen sie nicht so gern?

**4b**  Zu zweit. Wie findest du…? Ich finde es…

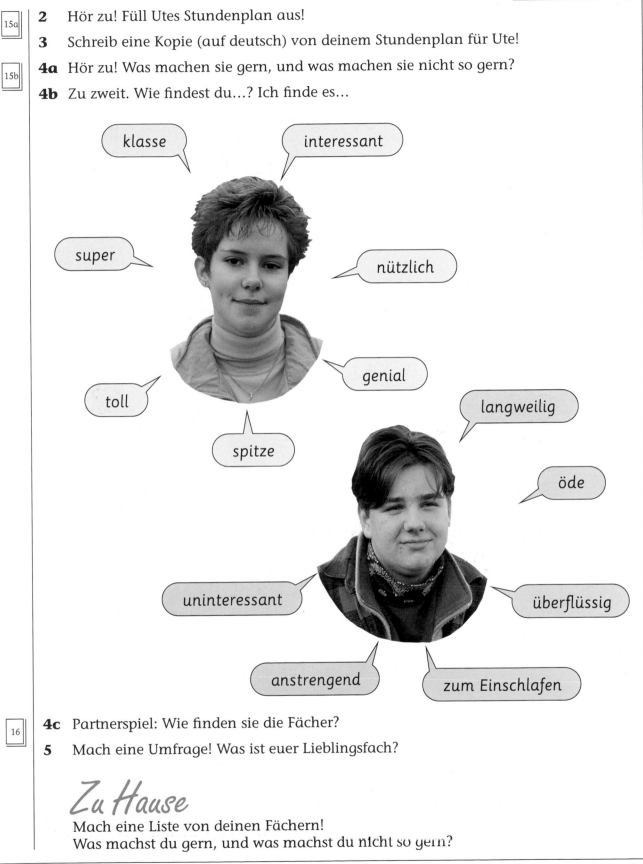

**4c**  Partnerspiel: Wie finden sie die Fächer?

**5**  Mach eine Umfrage! Was ist euer Lieblingsfach?

*Zu Hause*

Mach eine Liste von deinen Fächern!
Was machst du gern, und was machst du nicht so gern?

# 3 ▶ Ein normaler Schultag – Montag

Ich stehe um halb sieben auf, wasche mich oder dusche mich, ziehe mich an und gehe in die Küche. Meistens esse ich eine Schüssel Cornflakes und eine Scheibe Toast und mache mir mein Schulbrot zum Mitnehmen.

Um Viertel nach sieben verlasse ich das Haus und fahre mit dem Rad zur Schule. (Wenn es stark regnet, bringt mich meine Mutter zur Schule.) Unterwegs treffe ich mich mit meinen Freunden, und wir unterhalten uns über die Hausaufgaben und was wir im Fernsehen gesehen haben. Die Schule fängt um acht Uhr an.

Die erste Stunde ist Mathe und danach haben wir Englisch. Dann kommt die große Pause und wir gehen auf den Schulhof und essen unsere Schulbrote oder kaufen uns was zu trinken und unterhalten uns oder ärgern die Kleinen.

Nach der Pause haben wir Erdkunde und Physik, und dann kommt die zweite Pause und die letzten zwei Stunden, Musik und Deutsch. Um Viertel nach eins ist die Schule aus und ich gehe nach Hause. Ich esse zu Mittag, mache meine Hausaufgaben und treffe mich mit meinen Freunden. Abends sehe ich ein bißchen fern, und um neun Uhr gehe ich ins Bett, weil wir immer so früh aufstehen müssen.

**1a** Hören und Verstehen. Übt zu zweit: Welche Wörter versteht ihr nicht?

**Beispiel:**

Wie heißt „ärgern" auf englisch?

Das weiß ich auch nicht.
Schau mal im Wörterbuch nach!

„Ärgern" ... heißt „annoy".
Was noch?

„Fängt" ... „fangen" ... to catch? Das stimmt nicht.

Nein, das ist ein Verb mit Zusatz...
„fängt an" ... der Infinitiv ist „anfangen".
Schau mal unter „anfangen" nach.

**Lerntip**

*More about separable verbs – see Word Patterns 3.*

**1b** Wie viele andere Verben mit Zusatz kennt ihr schon?

**1c** Bring die Bilder in die richtige Reihenfolge!

**1d** Zu zweit. Lest abwechselnd jeweils einen Absatz vor!

**2** Übe mit einem Partner/einer Partnerin! Was machst du, ... und was hast du gemacht?

**Sprachtips**

| | montags | | und letzten Montag |
|---|---|---|---|
| Ich | stehe um ... Uhr auf. | Ich bin | um ... Uhr aufgestanden. |
| | gehe zur Schule. | | ... gegangen. |
| | fahre mit dem Rad/Bus. | | mit ... gefahren. |
| | wasche mich. | Ich habe | mich gewaschen. |
| | ziehe mich an. | | mich angezogen. |
| | esse ... | | ... gegessen. |
| | trinke ... | | ... getrunken. |
| | treffe mich mit ... | | mich mit ... getroffen. |
| | verlasse ... | | ... verlassen. |
| | sehe ein bißchen fern. | | ... ferngesehen. |
| ... bringt mich zur Schule. | | .... hat | mich ... gebracht. |

## Zu Hause

Gestern. Was hast du gemacht?
Schreib einen Bericht und nimm ihn auf Band auf!

# 4 Das deutsche Schulsystem

In Hessen, wo ich wohne, geht man erst mit sechs Jahren in die Grundschule und mit zehn Jahren in die Sekundarstufe. Unsere Schule ist eine Gesamtschule, das bedeutet, daß drei Schulen in einem Gebäude sind: ein Gymnasium, eine Realschule und eine Hauptschule.

die Grundschule = *primary school*
die Sekundarstufe = *secondary (step)*
das bedeutet = *that means*
das Gebäude = *the building*

In der Förderstufe, d.h. in den ersten zwei Jahren (also Klasse 5 und Klasse 6), haben noch alle Schüler zusammen Unterricht. Danach werden sie in Gymnasium, Realschule und Hauptschule eingeteilt.

der Unterricht = *lessons*
die Förderstufe = *the preparatory section (years 5 & 6)*
eingeteilt (einteilen) = *divided*

In jedem Hauptfach schreibt man sechsmal im Jahr eine Klassenarbeit. Für die Klassenarbeit bekommt man Noten von 1–6. Die Noten 1 und 2 sind für eine gute Leistung, 3 und 4 für eine ausreichende Leistung, und 5 und 6 für eine mangelhafte Leistung.

das Hauptfach = *main subject*
die Klassenarbeit = *the test*
die Leistung = *performance*

Wenn ein Schuljahr zu Ende ist, bekommen wir Zeugnisse, in denen der Notendurchschnitt festgehalten wird. Wenn man im Zeugnis eine 6 oder mehrmals eine 5 in einem Hauptfach hat, bleibt man sitzen, d.h. man muß das Schuljahr noch einmal machen.

das Zeugnis(se) = *(school) report*
-durchschnitt = *average*
sitzenbleiben = *to (stay seated) repeat a school year*

**1a** Zu zweit: Hören, Lesen und Verstehen.

Wie heißt … auf englisch?

Schreib es an die Tafel!/Das ist schon an der Tafel.

Das weiß ich auch nicht. Schau mal im Wörterbuch nach!

**Noten**
1 sehr gut
2 gut
3 befriedigend = *satisfactory*
4 ausreichend = *adequate/pass*
5 mangelhaft = *unsatisfactory/lacking*
6 ungenügend = *unsatisfactory/fail*

18

**1b** Vervollständige den Text!

**Das deutsche Schulsystem**

| Alter | Klasse | |
|-------|--------|---|
| 15 | 10 | **Sekundarstufe** |
| 13 | 8 | Gymnasium/Realschule/Hauptschule/Gesamtschule |
| 12 | 7 | |
| 11 | 6 | (Förderstufe) |
| 10 | 5 | (Förderstufe) |
| 9 | 4 | |
| 8 | 3 | |
| 7 | 2 | **Grundschule** |
| 6 | 1 | |
| 3–5 | | **Kindergarten** |

**2a** Was meint ihr? In welche Klasse gehen sie?

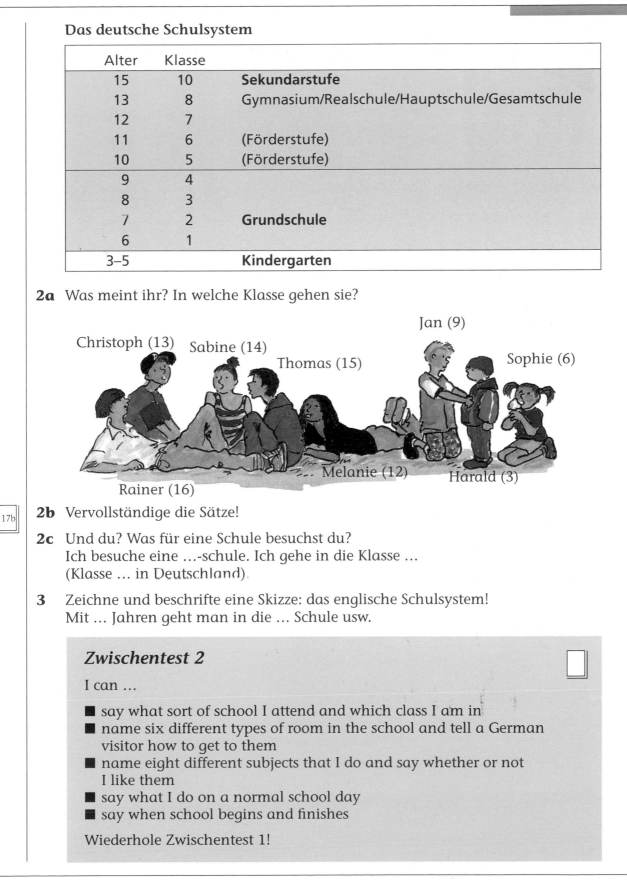

Jan (9)

Christoph (13)  Sabine (14)

Thomas (15)  Sophie (6)

Melanie (12)  Harald (3)

Rainer (16)

**2b** Vervollständige die Sätze!

**2c** Und du? Was für eine Schule besuchst du?
Ich besuche eine …-schule. Ich gehe in die Klasse …
(Klasse … in Deutschland).

**3** Zeichne und beschrifte eine Skizze: das englische Schulsystem!
Mit … Jahren geht man in die … Schule usw.

## Zwischentest 2

I can …

- ■ say what sort of school I attend and which class I am in
- ■ name six different types of room in the school and tell a German visitor how to get to them
- ■ name eight different subjects that I do and say whether or not I like them
- ■ say what I do on a normal school day
- ■ say when school begins and finishes

Wiederhole Zwischentest 1!

# AUF Deutsch!

## 5 ▶ Große Pause!

**Manche Menschen ähneln Tieren.**

Dieses Kind, Tobias, horch,
hat dünne Beine wie ein …

Lange Haare, keine Möwe,
sondern wie ein fauler …

Dieser Fall ist leicht geklärt,
ein Gebiß so wie ein …

So 'nen Hals hat nie ein Affe,
sondern nur eine …

Dieser Mann hat, ohne Lüge,
einen Bart wie eine …

Krumme Beine, wickelwackel,
wie bei einem kleinen …

Hakennase, oh, auwei,
wie bei einem …

Hast du fehlerlos erkannt,
wer mit welchem Tier verwandt?

| | |
|---|---|
| Dackel | |
| Giraffe | Pferd |
| Löwe | Storch |
| Papagei | Ziege |

manche = *some*  ähneln = *are similar to*  horch = *listen*
die Möwe = *seagull*  sondern = *but*  der Fall = *case*  leicht = *easily*
geklärt = *explained*  das Gebiß = *set of teeth*  der Affe = *monkey*
die Lüge = *lie*  krumm = *crooked*  der Haken = *hook*
fehlerlos = *without mistake*  erkannt = *recognised*  verwandt = *related*

## Ein paar Scherzfragen

Welcher Ring ist nicht rund?
*Der Hering, der Boxring*

Was hat 1000 Beine und kann doch nicht laufen?
*500 Hosen*

Rühren die Engländer ihren Zucker im Tee mit
der rechten oder mit der linken Hand um?
*Weder noch – sondern mit einem Löffel*

Was ist rot und geht auf und ab?
*Eine Tomate im Lift*

umrühren = *stir*
weder noch = *neither nor*
auf und ab = *up and down*

Wer arbeitet womit ?
Die Lehrerin arbeitet ...

die
Friseuse

der Briefträger

in einem Bus

mit einer
Schreibmaschine

mit einer
Schere

der Koch

die
Lehrerin

mit
einem
Löffel

die Ärztin

mit Kreide

die
Sekretärin

die Busfahrerin

mit einem
Stethoskop

mit einer
Posttasche

# 6 ▸ *Was ziehen wir für die Schule an?*

**1**  Brainstorming mit der Stoppuhr!
Wie viele Kleidungsstücke könnt ihr in 3 Minuten nennen?

**2a**  Hör zu! Wem gehören die Kleidungsstücke? Melanie, Judi, Thomas oder Christoph?

**2b**  Was ziehst du für die Schule an?

**2c**  Partnerspiel: Was ziehen sie für die Schule an?

**Lerntip**

| Ich trage … | | | | |
|---|---|---|---|---|
| Maskulinum | (der) | einen | roten | Pullover |
| Femininum | (die) | eine | rote | Hose |
| Neutrum | (das) | ein | rotes | Hemd |
| Plural | | | rote | Schuhe und Socken |

**Lerntip**

*More about gender and adjectives
– see Word Patterns 2 and 4*

**3a** Hör zu! Was spielen wir?

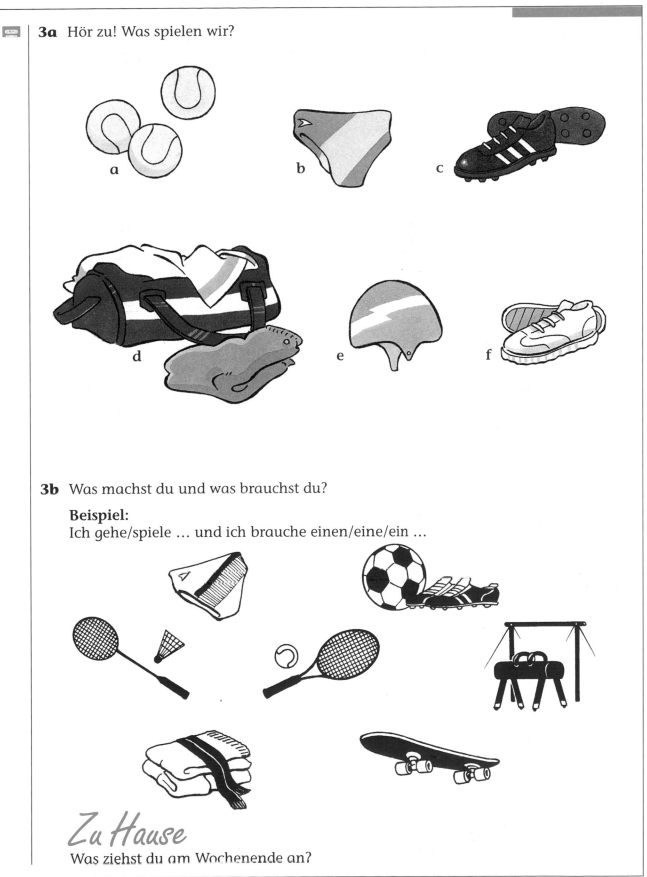

a
b
c

d
e
f

**3b** Was machst du und was brauchst du?

**Beispiel:**
Ich gehe/spiele … und ich brauche einen/eine/ein …

*Zu Hause*
Was ziehst du am Wochenende an?

## 7 Unsere Lehrer

**1** Hör zu! Wie heißen sie?

a

Herr Gebauer?
Herr Schmidt?

b

Frau Lehmann?
Frau Limbourg?

c

Herr Fleischmann?
Herr Kramp?

d

Frau Walkerling?
Frau Brinkmann?

e

Herr Eckhardt

f

Frau Gerlach?
Frau Müller?

**2** Zu zweit. Wählt einen Lehrer/eine Lehrerin in eurer Schule aus! Stellt euch gegenseitig Fragen und erratet, wer es ist. Wenn ihr nach einer Frage richtig ratet, bekommt ihr 3 Punkte, nach zwei Fragen 2 Punkte, und nach drei Fragen 1 Punkt.

### Sprachtips

| | |
|---|---|
| Hat er/sie | lange/kurze/lockige/glatte Haare? |
| | eine Glatze? |
| | blaue/braune Augen? |
| | ein rotes Auto? |
| Trägt er/sie | eine Brille (einen Bart/einen Schnurrbart)? |
| | sportliche Kleidung/Jeans/einen Anzug? |
| Ist er/sie | groß/klein/schlank/dick/mittelgroß? |
| Unterrichtet er/sie …? | |

**3** Hier sind der neue Sportlehrer und die neue Mathelehrerin. Beschreib sie!

**4** Ein Interview mit einer Lehrerin

▶ Guten Tag, Frau Kempner. Welche Fächer und Klassen unterrichten Sie?
*Biologie und Englisch in den Klassen 5, 7, 9 und 11.*

▶ Wie finden Sie die Schüler?
*Ich finde sie eigentlich ganz nett.*

▶ Was ist Ihre Lieblingsspeise?
*Schnitzel und Pommes ... und Eis.*

▶ Was sind Ihre Hobbys?
*Fotografieren, Tanzen und Gitarre spielen.*

▶ Hören sie gern Musik?
*Ja, Pop, Rock, Musicals, harmonische Musik und Western und Folk.*

▶ Welche Kleidung bevorzugen Sie?
*Sportlich und elegant, aber mehr sportlich als elegant.*

▶ Wohin würden Sie gerne verreisen?
*Nach Amerika, Kalifornien, überall in der Welt.*

▶ Wenn Sie im Lotto gewinnen würden, was würden Sie machen?
*Es kommt darauf an, wieviel Geld es ist: ich würde mir ein neues Haus und ein neues Auto kaufen ... und viel verreisen.*

▶ Sind Sie umweltfreundlich? Tun Sie etwas für den Umweltschutz?
*Ich sortiere den Abfall und verwende keine Spraydosen.*

**4a** Wähle passende Bilder zu dem Text aus!

a       b

c       d

e       f

g       h

i       j

21a

**4b** Falsch oder richtig (oder „weiß nicht")?

21b **5a** Hör zu! Ein Interview mit Herrn Hoffmann.

22a **5b** Interviewt einen Lehrer/eine Lehrerin!

*Zu Hause*

Wähl eine berühmte Persönlichkeit aus, und beschreib ihn/sie, so daß deine Mitschüler erraten können, wer er/sie ist!

# 8 ▷ Pause

## Auf dem Pausenhof

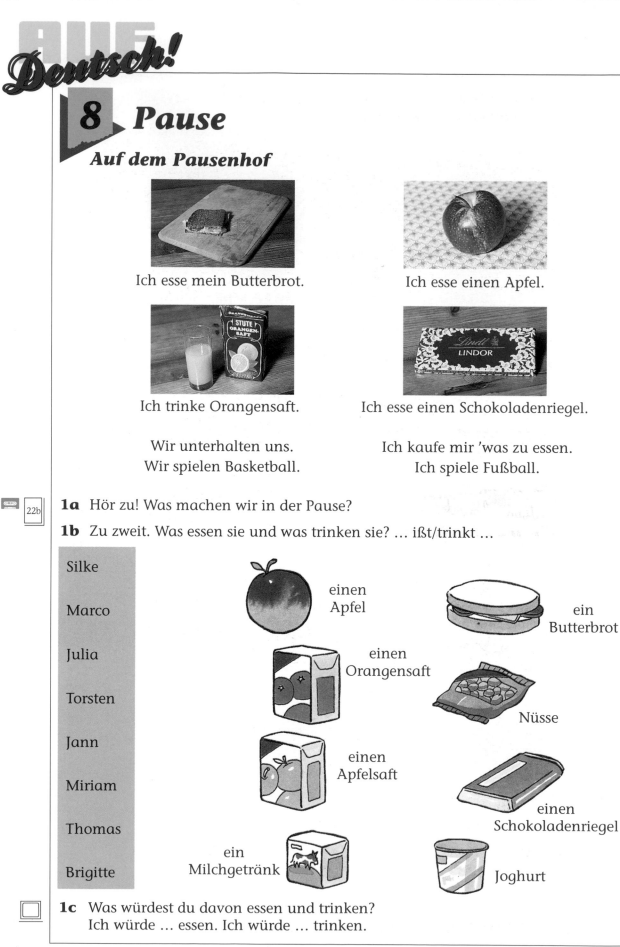

Ich esse mein Butterbrot.

Ich esse einen Apfel.

Ich trinke Orangensaft.

Ich esse einen Schokoladenriegel.

Wir unterhalten uns.
Wir spielen Basketball.

Ich kaufe mir 'was zu essen.
Ich spiele Fußball.

**1a** Hör zu! Was machen wir in der Pause?

**1b** Zu zweit. Was essen sie und was trinken sie? … ißt/trinkt …

Silke

Marco

Julia

Torsten

Jann

Miriam

Thomas

Brigitte

einen Apfel

ein Butterbrot

einen Orangensaft

Nüsse

einen Apfelsaft

einen Schokoladenriegel

ein Milchgetränk

Joghurt

**1c** Was würdest du davon essen und trinken?
Ich würde … essen. Ich würde … trinken.

**2** Was macht ihr in der Pause? Mach eine Umfrage und schreib
ein Resümee von den Ergebnissen!

Wir, die Klasse 7b, finden, daß die große Pause zu langweilig ist. Was sollen wir machen? Wir dürfen nicht in der Pausenhalle bleiben und müssen immer nach draußen gehen, auch wenn es regnet.

Zwanzig Minuten ist zu lang, um draußen zu bleiben, besonders bei kaltem Wetter. Die Lehrer sagen, wir müssen „ein bißchen Luft schnappen", aber wenn frische Luft so gut ist, warum bleiben die Lehrer im Lehrerzimmer?

Wir haben ein paar Vorschläge, damit man mit der Pause mehr anfangen kann.

Man könnte z.B. Tischtennisplatten mit Bällen, Ketten und Schlägern, Basketballkörbe und Bälle, Springseile und Gummibänder für Gummitwist und Fußballtore für den Schulhof anschaffen.

Man könnte Tische, Stühle, Karten und Brettspiele für die Pausenhalle anschaffen, so daß wir drinnen sitzen und spielen könnten.

Man könnte die Bibliothek offen lassen, so daß wir ein Buch lesen, oder für die nächste Stunde üben könnten.

Man könnte den Pausenverkauf auch in der 2. großen Pause öffnen, damit man auch dann etwas zu essen oder trinken kaufen könnte.

Die Schüler der Klasse 7b

**3a** Hören, Lesen und Verstehen!

**3b** Wie sieht es bei euch in der Schule aus?

**3c** Hast du einen Vorschlag? Was könnte man noch tun? Man könnte …

## Zu Hause
Ein Imbiß. Was ißt du und was trinkst du gern?

# 9 Lernzielkontrolle

I can talk about school and the school day, I can …

| | | |
|---|---|---|
| 1 | say what sort of school I attend: | Ich besuche … |
| 2 | say which class I am in: | Ich gehe in die Klasse … |
| 3 | say which subjects I do: | Ich mache Mathe, Englisch, Deutsch, Geschichte, Erdkunde, Kunst, Physik, Naturwissenschaft, usw. |
| 4 | say what I like or dislike: | Ich mache … gern/nicht gern. |
| 5 | ask someone what they like or dislike: | Was machst du gern/nicht gern? |
| 6 | name six different types of room in the school: | Der Chemieraum, das Sekretariat … |
| 7 | tell a German visitor how to get to a schoolroom: | Sie gehen … |
| 8 | say what I do on a normal school day: | Ich stehe um … Uhr auf<br>Ich wasche mich/esse/trinke/ziehe mich an, usw. |
| 9 | say when school begins and finishes: | Die Schule beginnt um … Uhr und ist um … Uhr aus |
| 10 | say what I wear to school: | Für die Schule trage ich … |
| 11 | say what I wear at the weekend: | Am Wochenende trage ich … |
| 12 | describe a teacher for someone to recognise: | Er/Sie ist/hat … |
| 13 | say what I do at break: | In der Pause mache/esse/trinke/spiele ich unterhalte ich mich mit Freunden |
| 14 | make a suggestion about it: | Man könnte … |

# *Wiederholung*

In was für eine Schule gehst du?          Johannes Biber

In welche Klasse gehst du?               eine Gesamtschule

Wie alt bist du?                         Klasse 7 b

Welche Fächer machst du?                 13

                                         Mathe, Deutsch, Englisch, Erdkunde,
                                         Geschichte, Sport, Musik, Kunst,
                                         Informatik, Latein, Physik, Bio...

Was ist dein Lieblingsfach?              Informatik

Was ziehst du für die Schule an?         eine Jeans und einen dicken Pulli

Wann beginnt die Schule?                 um Viertel vor acht

Wann ist die Schule aus?                 um Viertel nach eins

Wie findest du die Schule?               Es geht

Was findest du am besten?                Sport

Und am schlimmsten?                      die vielen Hausaufgaben

## A *Sprechen*

**1**   Was weißt du über Johannes?

## B *Lesen*

**2**   Vervollständige die Sätze! Bilde Paare:

| | |
|---|---|
| Johannes besucht … | … in die siebte Klasse |
| und geht … | … ganz gut |
| Sein Lieblingsfach ist … | … eine Jeanshose und einen Pulli |
| Für die Schule trägt er … | … fünfeinhalb Stunden |
| Er findet die Schule … | … eine Gesamtschule |
| Am besten findet er … | … die Hausaufgaben |
| Die Schule beginnt um … | … Sport |
| und dauert … | … Viertel vor acht |
| und am schlimmsten findet er … | … Informatik |

## C *Hören*

**3**   Füll den Stundenplan aus!

## D *Schreiben*

**4**   Beantworte die Fragen!

# Schulunterricht

## 1 Ein bißchen Mathe

### 1 Schatzsuche

1  Anne und Peter sind auf einer Schatzinsel gelandet. An der Stelle A3 sind sie an Land gegangen. Wo befinden sie sich?

2  Von der Burgruine aus verschaffen sie sich einen Überblick über die Insel. Gib die Lage der Ruine in Kurzform an.

3  Im Turm befinden sich Angaben über die genaue Lage des Schatzes. Lage des Turmes in Kurzform?

4  Die Turmtür ist verschlossen. Der Schlüssel ist irgendwo auf der Insel versteckt. Bei der Suche kommen sie an C2, A1, G3 und E5 vorbei. Was haben sie gesehen?

5  Nun rasten sie in der Hütte. Wo ist es?

6  In einer Hüttenwand finden sie eingeritzt:

TURMSCHLÜSSEL
200 m westlich   100 m südlich

7  Im Turm finden Anne und Peter den Hinweis über die Lage des Schatzes:

Zwischen Wasserfall und Palmengruppe ist der Schatz vergraben.

der Schatz = treasure
Wo befinden sie sich? = Where are they?
verschaffen sie sich = they get
der Überblick = view
die Lage = position
die Angabe = information
die genaue Lage = exact position
irgendwo = somewhere
der Schlüssel = key
an ... vorbei = past
der Hinweis = tip
zwischen = between

## *Ein bißchen Geometrie*

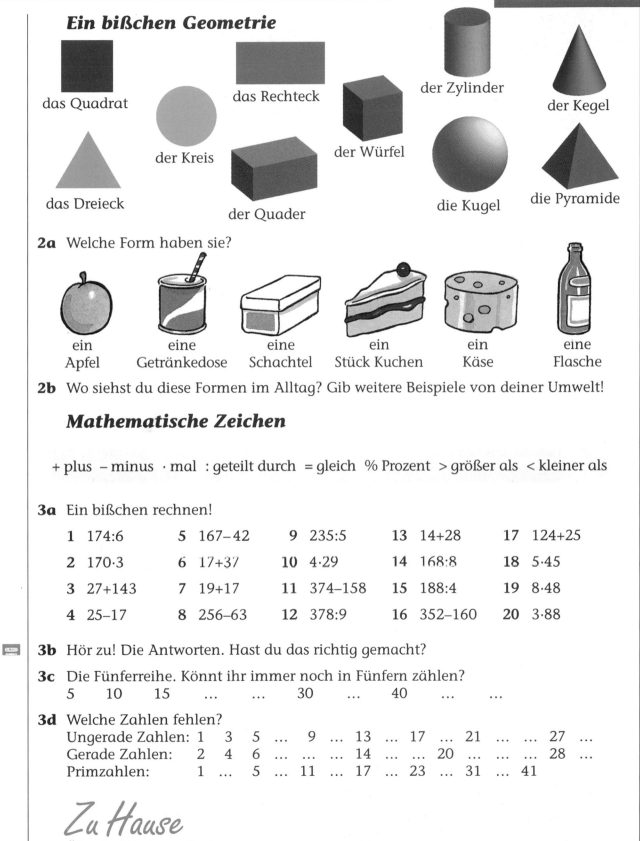

das Quadrat

das Rechteck

der Zylinder

der Kegel

der Kreis

der Würfel

das Dreieck

der Quader

die Kugel

die Pyramide

**2a** Welche Form haben sie?

| ein | eine | eine | ein | ein | eine |
| Apfel | Getränkedose | Schachtel | Stück Kuchen | Käse | Flasche |

**2b** Wo siehst du diese Formen im Alltag? Gib weitere Beispiele von deiner Umwelt!

## *Mathematische Zeichen*

+ plus  – minus  · mal  : geteilt durch  = gleich  % Prozent  > größer als  < kleiner als

**3a** Ein bißchen rechnen!

| | | | | | | | | | |
|---|---|---|---|---|---|---|---|---|---|
| **1** | 174:6 | **5** | 167–42 | **9** | 235:5 | **13** | 14+28 | **17** | 124+25 |
| **2** | 170·3 | **6** | 17+37 | **10** | 4·29 | **14** | 168:8 | **18** | 5·45 |
| **3** | 27+143 | **7** | 19+17 | **11** | 374–158 | **15** | 188:4 | **19** | 8·48 |
| **4** | 25–17 | **8** | 256–63 | **12** | 378:9 | **16** | 352–160 | **20** | 3·88 |

**3b** Hör zu! Die Antworten. Hast du das richtig gemacht?

**3c** Die Fünferreihe. Könnt ihr immer noch in Fünfern zählen?
5    10    15    ...    ...    30    ...    40    ...    ...

**3d** Welche Zahlen fehlen?
Ungerade Zahlen: 1   3   5  ...   9  ...  13  ...  17  ...  21  ...  ...  27  ...
Gerade Zahlen:   2   4   6  ...  ...  ...  14  ...  ...  20  ...  ...  ...  28  ...
Primzahlen:      1  ...   5  ...  11  ...  17  ...  23  ...  31  ...  41

## *Zu Hause*

Übe die Neunerreihe!

# 2 Wir lernen Englisch

## Englische Verben

**1** Füll die Lücken aus!

**Präsens**

| Regelmäßige Verben: *to play* spielen | | | |
|---|---|---|---|
| Singular | | Plural | |
| *I play* | ich spiele | **2** | wir spielen |
| *you play* | du spielst | **3** | ihr spielt |
| **1** | er spielt | **4** | sie spielen |

| Unregelmäßige Verben: *to have* haben | | | |
|---|---|---|---|
| Singular | | Plural | |
| *I have* | ich habe | *we have* | **7** |
| **5** | du hast | *you have* | **8** |
| **6** | er hat | *they have* | **9** |

**2** Füll die Lücken aus!

| Regelmäßige Verben | | |
|---|---|---|
| Präsens | Imperfekt | Perfekt (Partizip II) |
| play | played | (I have) played |
| **10** | washed | washed |

| Unregelmäßige Verben | | |
|---|---|---|
| Präsens | Imperfekt | Partizip II |
| be | **11** | been |
| begin | **12** | begun |
| **13** | blew | blown |
| break | broke | **14** |
| bring | **15** | **16** |
| **17** | bought | bought |
| choose | **18** | chosen |
| come | came | **19** |
| cost | **20** | cost |

### Lerntip

*More on verbs –
see Word Patterns 5 and
6 or Grammar Summary*

**3a** Was hat Susi falsch geschrieben? Kannst du die Texte verbessern?

a Yesterday am I to Town gone.

b I boughted a new Jersey.

c Then have I me with my Friends met.

d We are in to a Café gone.

e We eated Ice and drinked Cola.

f We have the Bus after Home catched.

**3b** Kannst du den Grund für ihre Fehler erklären?
*(Can you explain the reasons for her mistakes?)*

Ich finde englische Verben sehr schwer. Wann sagt man „I am going" und wann sagt man „I go"? In Deutsch sagen wir nur „Ich gehe"...das finde ich viel einfacher!

Wir haben in der Woche vier Stunden Englisch und wir machen viel Grammatik und lernen viel Vokabeln. Im Moment lernen wir englische unregelmäßige Verben. Mußt du auch deutsche unregelmäßige Verben lernen? Wir schreiben morgen eine Klassenarbeit. Ich habe die Verben auf mein Etui geschrieben, so daß ich spicken kann. Das machen wir alle.

**4** Was meinst du? Was findest du schwerer, englische oder deutsche Verben?

**5** Hör zu! Wichtige deutsche unregelmäßige Verben!

## Zu Hause
Lerne fünf deutsche unregelmäßige Verben auswendig!

# 3 Erdkunde: Die Deutschlandkarte

## Die Bundesländer der Bundesrepublik Deutschland

**1** Hör zu und füll die Tabelle aus!

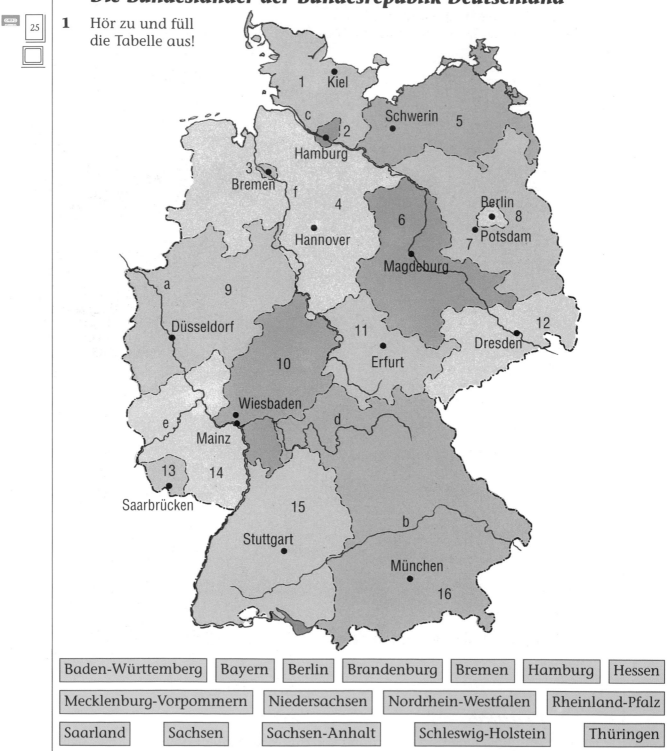

| Baden-Württemberg | Bayern | Berlin | Brandenburg | Bremen | Hamburg | Hessen |

| Mecklenburg-Vorpommern | Niedersachsen | Nordrhein-Westfalen | Rheinland-Pfalz |

| Saarland | Sachsen | Sachsen-Anhalt | Schleswig-Holstein | Thüringen |

**2a** Partnerarbeit: Ordnet die Länder der Einwohnerzahl nach!
Welches Land hat die meisten Einwohner?
Und welches hat die wenigsten Einwohner?

**2b** Sieh dir die Karte an! Was meinst du? Welches Land ist das größte Land
Deutschlands? Und welches das kleinste?

**3a** Hör zu! Welcher Fluß ist es? (a–f)
die Donau; die Elbe; der Main; die Mosel; der Rhein; die Weser

**3b** Hör zu! Wie heißen sie?

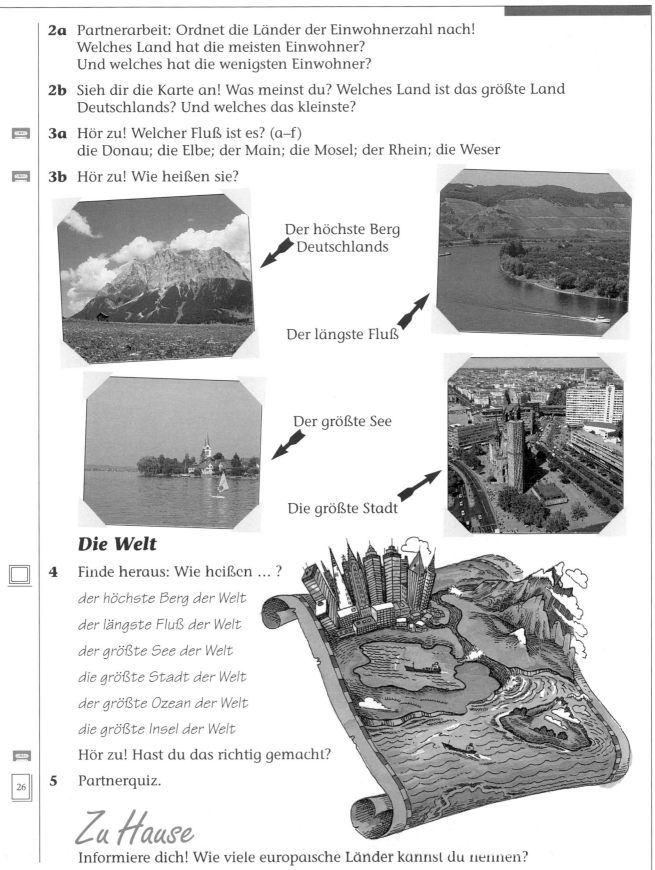

Der höchste Berg
Deutschlands

Der längste Fluß

Der größte See

Die größte Stadt

## Die Welt

**4** Finde heraus: Wie heißen ... ?

*der höchste Berg der Welt*

*der längste Fluß der Welt*

*der größte See der Welt*

*die größte Stadt der Welt*

*der größte Ozean der Welt*

*die größte Insel der Welt*

Hör zu! Hast du das richtig gemacht?

**5** Partnerquiz.

*Zu Hause*
Informiere dich! Wie viele europäische Länder kannst du nennen?

26

# 4 ▶ Geschichte

## Bekannte Deutsche

**1a** Hör zu! Wann sind sie geboren und wann sind sie gestorben?

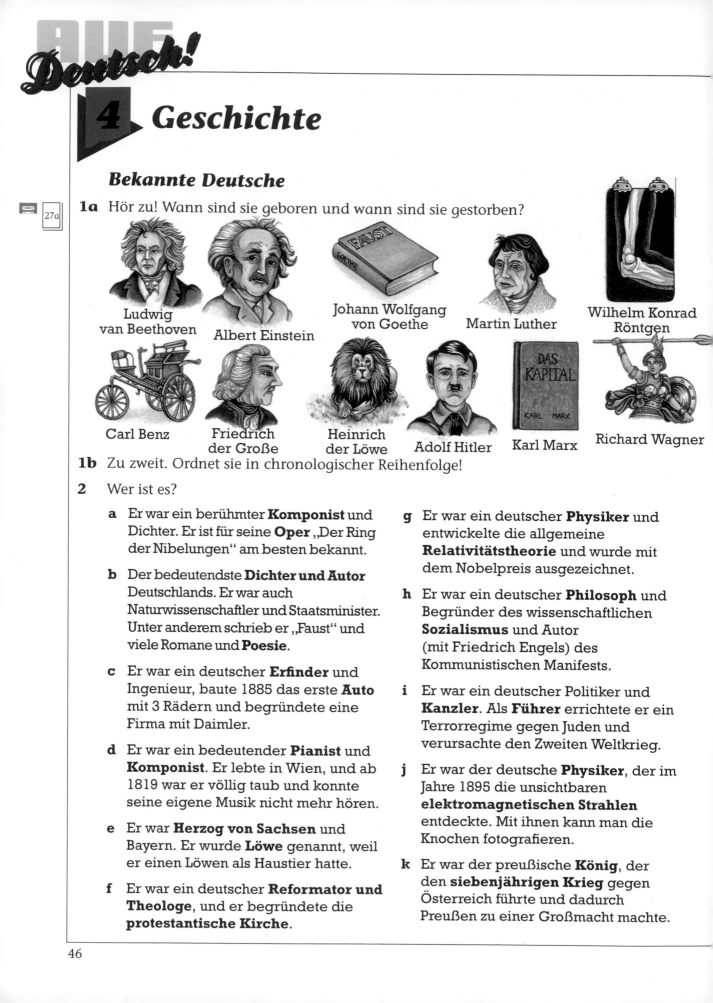

Ludwig
van Beethoven

Albert Einstein

Johann Wolfgang
von Goethe

Martin Luther

Wilhelm Konrad
Röntgen

Carl Benz

Friedrich
der Große

Heinrich
der Löwe

Adolf Hitler

Karl Marx

Richard Wagner

**1b** Zu zweit. Ordnet sie in chronologischer Reihenfolge!

**2** Wer ist es?

**a** Er war ein berühmter **Komponist** und Dichter. Er ist für seine **Oper** „Der Ring der Nibelungen" am besten bekannt.

**b** Der bedeutendste **Dichter und Autor** Deutschlands. Er war auch Naturwissenschaftler und Staatsminister. Unter anderem schrieb er „Faust" und viele Romane und **Poesie**.

**c** Er war ein deutscher **Erfinder** und Ingenieur, baute 1885 das erste **Auto** mit 3 Rädern und begründete eine Firma mit Daimler.

**d** Er war ein bedeutender **Pianist** und **Komponist**. Er lebte in Wien, und ab 1819 war er völlig taub und konnte seine eigene Musik nicht mehr hören.

**e** Er war **Herzog von Sachsen** und Bayern. Er wurde **Löwe** genannt, weil er einen Löwen als Haustier hatte.

**f** Er war ein deutscher **Reformator und Theologe**, und er begründete die **protestantische Kirche**.

**g** Er war ein deutscher **Physiker** und entwickelte die allgemeine **Relativitätstheorie** und wurde mit dem Nobelpreis ausgezeichnet.

**h** Er war ein deutscher **Philosoph** und Begründer des wissenschaftlichen **Sozialismus** und Autor (mit Friedrich Engels) des Kommunistischen Manifests.

**i** Er war ein deutscher Politiker und **Kanzler**. Als **Führer** errichtete er ein Terrorregime gegen Juden und verursachte den Zweiten Weltkrieg.

**j** Er war der deutsche **Physiker**, der im Jahre 1895 die unsichtbaren **elektromagnetischen Strahlen** entdeckte. Mit ihnen kann man die Knochen fotografieren.

**k** Er war der preußische **König**, der den **siebenjährigen Krieg** gegen Österreich führte und dadurch Preußen zu einer Großmacht machte.

**3a** Informiere dich über bekannte Persönlichkeiten! Wähle drei aus:
wofür sind sie bekannt?

| | | |
|---|---|---|
| Helmut Kohl | Wernher von Braun | Konrad Adenauer |
| Steffi Graf | Boris Becker | Johannes Gutenberg |
| Karl Lagerfeld | Wolfgang Amadeus Mozart | Georg Simon Ohm |
| Günther Grass | | Albrecht Dürer |

**Sprachtip**

| Er/Sie | ist/war | ein berühmter Politiker |
|---|---|---|
| | | eine berühmte Schauspielerin |
| und | ist für … bekannt. | |
| | hat … gewonnen. | |

**3b** Könnt ihr euch weitere Beispiele überlegen?

**Komponist** **Autor**

**Dichter** Naturwissenschaftler

Staatsminister **Erfinder** **Pianist** *Herzog*

Ingenieur

**Reformator** *Theologe* **Philosoph**

**Begründer** *Physiker* **König**

**Politiker** *Kanzler*

**3c** Nenne fünf bekannte Personen und erkläre, wofür sie bekannt sind!

**Zwischentest 3**

I can …

- ◼ count up to 100 in fives
- ◼ say what shape something is
- ◼ recognise a verb and give an example of five German verbs
- ◼ name five German Länder and five German cities
- ◼ name five famous people and say why they are/were famous

Wiederhole Zwischentest 2!

### Saurier – ausgestorbene Tiere.

*Die Saurier waren Reptilien. Sie bevölkerten die Erde vor Millionen von Jahren. Sie sind vor 65 Millionen Jahren ausgestorben. Es gab Pflanzenfresser, die Laub fraßen, und Fleischfresser, die andere Tiere fraßen.*

Der **Archaeopteryx** konnte fliegen und hatte Federn wie ein Vogel. Aber er hatte auch Zähne wie ein Reptil.

Einige Dinosaurier-Fakten:

Es gab einen Dinosaurier mit 2000 Zähnen.

Dinosaurier haben Eier gelegt.

Es gab Saurier auch im Ozean.

Einige konnten fliegen. Die Flügelspannweite eines Pteranodons war so breit wie ein Fußballtor!

Einige haben vielleicht eine Tonne Laub pro Tag gefressen.

Man findet Dinosaurier-Fossilien auf allen Kontinenten.

Der **Tyrannosaurus** war Fleischfresser. Er konnte bis zu 15 Meter lang werden und 5 Meter hoch. Seine Zähne waren bis zu 15 Zentimeter lang und sehr scharf! Er war der größte Fleischfresser, der je auf der Erde gelebt hat.

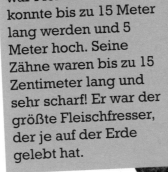

**1** Partnerspiel: Dein Partner/ Deine Partnerin buchstabiert die Namen der Saurier. Du schreibst die Namen auf.

**2** Sterben noch Tiere aus? Es gibt nur noch 400 Exemplare von den Sibirischen Tigern, den größten Katzen. Der größte Bär ist der Kodiakbär aus Alaska – es leben nur noch 2500.

Weißt du, welche anderen Tiere vom Aussterben bedroht sind? Schreib eine Liste, am besten auf deutsch! Schau im Wörterbuch nach!

Der **Stegosaurus** wurde bis zu 8 Meter lang und erreichte eine Höhe bis zu 3,3 Meter. Er hatte zwei Reihen dreieckiger Knochenplatten auf dem Rücken. Er hatte ein kleines Gehirn und ging sehr langsam. Er konnte nicht kauen.

Der **Apatosaurus** (auch **Brontosaurus** genannt) war bis zu 23 Meter lang und 4,5 Meter hoch. Er hatte einen sehr langen Hals und einen langen Schwanz, aber einen kleinen Kopf und ein kleines Gehirn. Er war Pflanzenfresser und fraß Blätter von den Bäumen.

ausgestorben = *extinct*  bevölkern = *to inhabit*  Laub = *foliage, leaves*
...fresser = *eater*  fraß = *ate*  einige = *some*  der Flügel = *wing*
vielleicht = *perhaps*  das Gehirn = *brain*  der Baum = *tree*
die Höhe = *height*  Knochenplatten = *bony plates*  konnte = *could*
kauen = *chew*  die Feder = *feather*  je = *ever*

# 6 ▶ Kunst

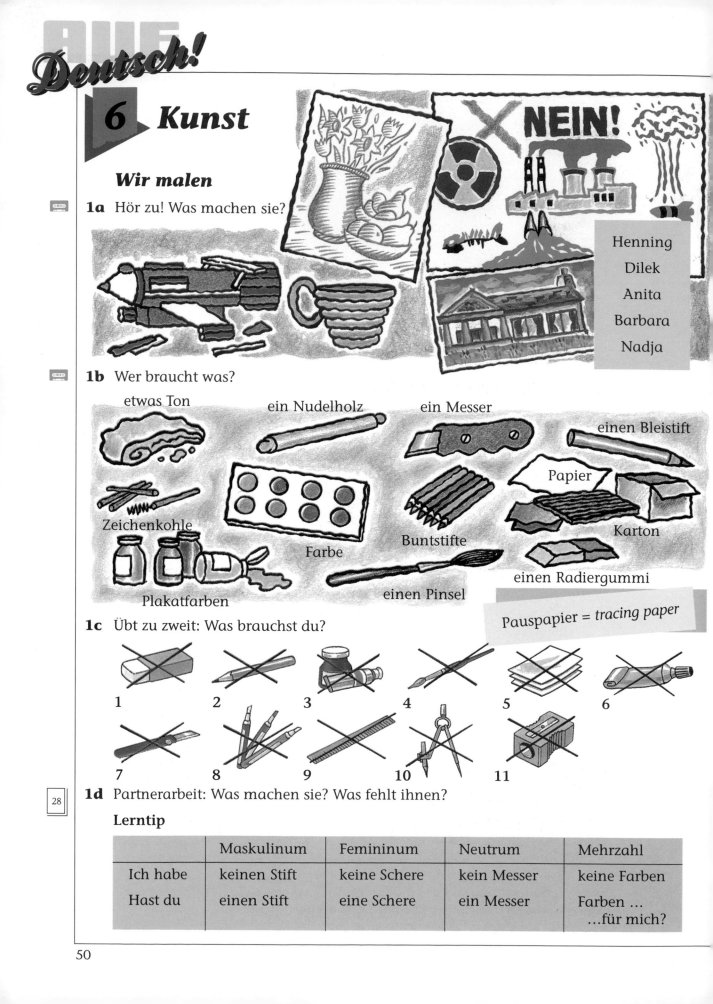

## Wir malen

**1a** Hör zu! Was machen sie?

Henning

Dilek

Anita

Barbara

Nadja

**1b** Wer braucht was?

etwas Ton

ein Nudelholz

ein Messer

einen Bleistift

Zeichenkohle

Farbe

Buntstifte

Papier

Karton

Plakatfarben

einen Pinsel

einen Radiergummi

Pauspapier = *tracing paper*

**1c** Übt zu zweit: Was brauchst du?

1  2  3  4  5  6

7  8  9  10  11

**1d** Partnerarbeit: Was machen sie? Was fehlt ihnen?

### Lerntip

|  | Maskulinum | Femininum | Neutrum | Mehrzahl |
|---|---|---|---|---|
| Ich habe | keinen Stift | keine Schere | kein Messer | keine Farben |
| Hast du | einen Stift | eine Schere | ein Messer | Farben ... ...für mich? |

**2a** Die Farben. Wir mischen:

Ihr habt:  rot,  gelb,  blau,  schwarz  und weiß

Welche Farben braucht ihr?

grau  lila  beige  orange  rosa

braun  olivgrün  hellblau  marineblau  dunkelrot

**2b** Was meint ihr? Welche Farben sind das?

| bordeaux | fuchsie | kobalt | mint | safrangelb | smaragd |
|---|---|---|---|---|---|
| flieder | gold | lachs | neongrün | silber | türkis |

**3a** Hör zu! Wie heißen die Künstler?

Albrecht
Dürer

Paul
Klee

Joseph
Beuys

a  b  c

**3b** Welche Schule ist das? Expressionismus, Fluxusbewegung oder Renaissance?

Hör zu! Hast du richtig geraten?

A  B  C

*Zu Hause*

Informiere dich! Suche ein Bild aus, das du gern hast,
und finde heraus, wer das Bild gemalt hat!

# 7 ▸ *Kochen*

**1a** Wie heißen die drei Grundnährstoffe?

**1b** Ordnet sie den Nährstoffen zu!

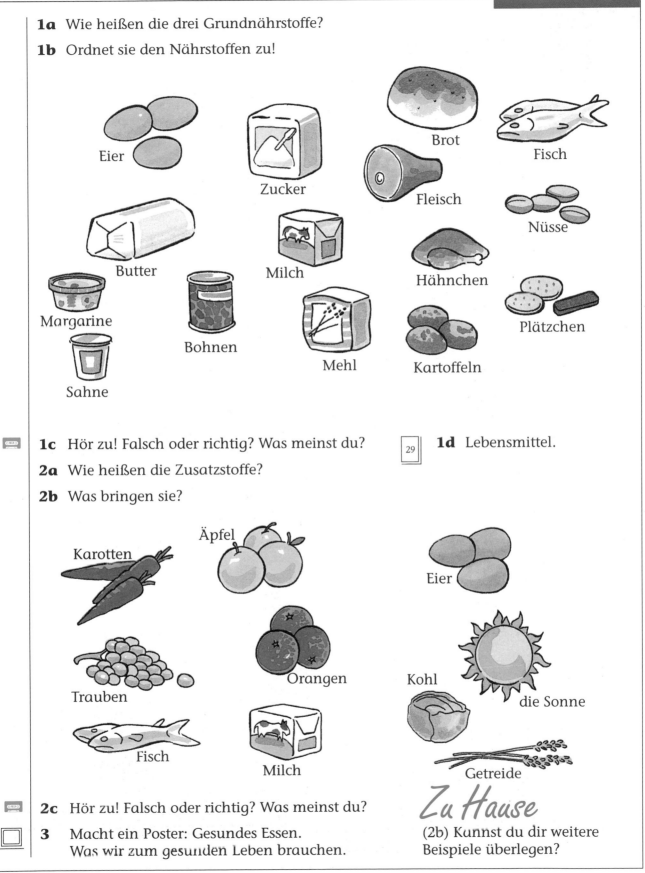

Eier

Zucker

Brot

Fisch

Fleisch

Nüsse

Butter

Milch

Hähnchen

Margarine

Bohnen

Plätzchen

Mehl

Kartoffeln

Sahne

**1c** Hör zu! Falsch oder richtig? Was meinst du?

29    **1d** Lebensmittel.

**2a** Wie heißen die Zusatzstoffe?

**2b** Was bringen sie?

Karotten

Äpfel

Eier

Trauben

Orangen

Kohl

die Sonne

Fisch

Milch

Getreide

**2c** Hör zu! Falsch oder richtig? Was meinst du?

*Zu Hause*

**3** Macht ein Poster: Gesundes Essen.
Was wir zum gesunden Leben brauchen.

(2b) Kannst du dir weitere
Beispiele überlegen?

# 8 Bio. Unser Körper

**1a** Zu zweit. Wie heißen die Körperteile?

**1b** Hör zu und überprüfe!

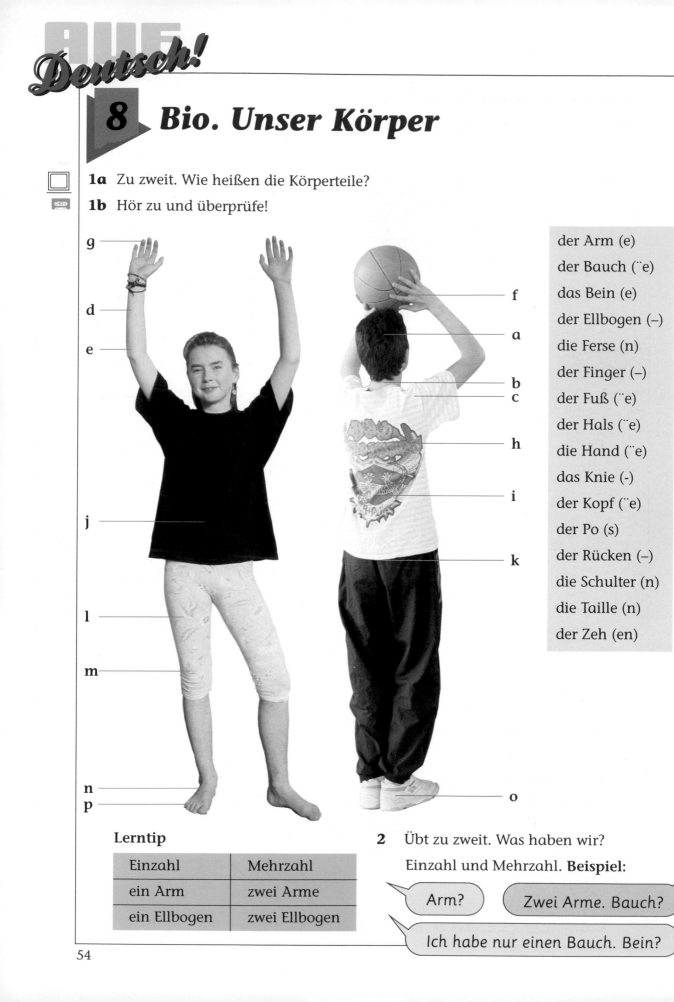

der Arm (e)

der Bauch (¨e)

das Bein (e)

der Ellbogen (–)

die Ferse (n)

der Finger (–)

der Fuß (¨e)

der Hals (¨e)

die Hand (¨e)

das Knie (-)

der Kopf (¨e)

der Po (s)

der Rücken (–)

die Schulter (n)

die Taille (n)

der Zeh (en)

**Lerntip**

| Einzahl | Mehrzahl |
|---------|----------|
| ein Arm | zwei Arme |
| ein Ellbogen | zwei Ellbogen |

**2** Übt zu zweit. Was haben wir?

Einzahl und Mehrzahl. **Beispiel:**

Arm?

Zwei Arme. Bauch?

Ich habe nur einen Bauch. Bein?

**3a** Wie heißen die Gesichtsteile?

**3b** Hör zu und überprüfe!

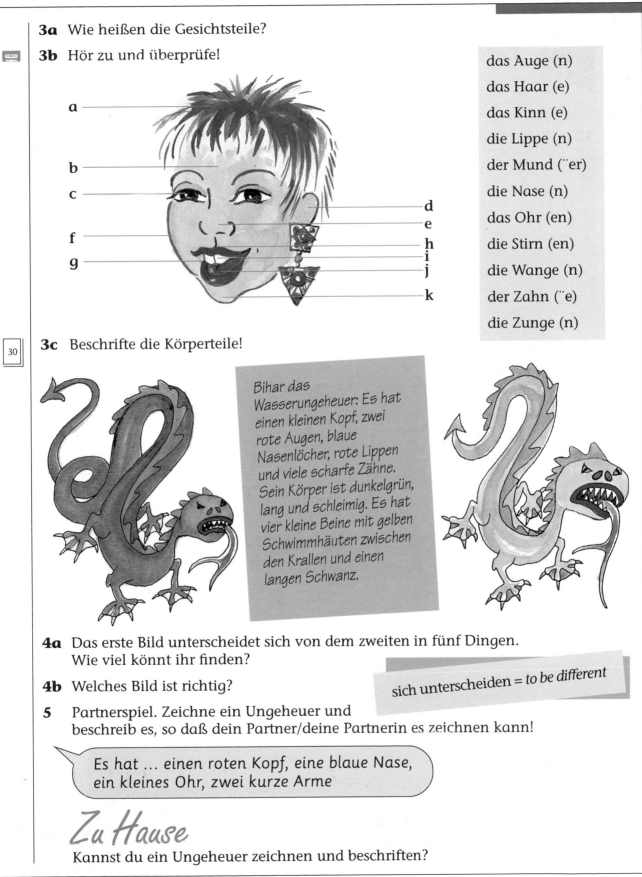

das Auge (n)

das Haar (e)

das Kinn (e)

die Lippe (n)

der Mund (¨er)

die Nase (n)

das Ohr (en)

die Stirn (en)

die Wange (n)

der Zahn (¨e)

die Zunge (n)

**3c** Beschrifte die Körperteile!

Bihar das Wasserungeheuer: Es hat einen kleinen Kopf, zwei rote Augen, blaue Nasenlöcher, rote Lippen und viele scharfe Zähne. Sein Körper ist dunkelgrün, lang und schleimig. Es hat vier kleine Beine mit gelben Schwimmhäuten zwischen den Krallen und einen langen Schwanz.

**4a** Das erste Bild unterscheidet sich von dem zweiten in fünf Dingen. Wie viel könnt ihr finden?

**4b** Welches Bild ist richtig?

sich unterscheiden = *to be different*

**5** Partnerspiel. Zeichne ein Ungeheuer und beschreib es, so daß dein Partner/deine Partnerin es zeichnen kann!

Es hat ... einen roten Kopf, eine blaue Nase, ein kleines Ohr, zwei kurze Arme

*Zu Hause*

Kannst du ein Ungeheuer zeichnen und beschriften?

# 9 Lernzielkontrolle

I can …

| | | |
|---|---|---|
| **1** | count up to 100 in fives: | fünf, zehn, fünfzehn, zwanzig… |
| **2** | say what shape something is: | Die Schachtel ist ein Quader.<br>Die Dose ist ein Zylinder.<br>Die Erde ist eine Kugel, usw. |
| **3** | recognise a verb and give an example of five German verbs: | Gehen, schlafen, schwimmen … sind Verben oder Tuwörter. |
| **4** | name five German Länder and five German cities: | Berlin ist eine Stadt. Bayern ist ein Land. |
| **5** | name five famous people and say why they are/were famous: | Er ist/war Politiker/Komponist/Musiker/ Künstler/ Schauspieler/ Schriftsteller/ Erfinder/ Naturwissenschaftler/Sänger/ Sportler<br>Sie ist/war Politikerin/Musikerin/ Künstlerin/Schauspielerin/ Schriftstellerin/ Erfinderin/ Naturwissenschaftlerin/ Sängerin/ Sportlerin |
| **6** | name the colours of the clothes I am wearing: | Meine Hose ist … Mein Hemd ist … Meine Socken sind … |
| **7** | say what my favourite colour is: | Meine Lieblingsfarbe ist … |
| **8** | say what I would need to make a poster/model/painting: | Ich brauche einen Stift, eine Schere, Papier usw. |
| **9** | name five foodstuffs which are good for you and one which is not good: | Fisch, Obst … sind gut. Viel Zucker ist nicht so gut. |
| **10** | name five parts of the face and eight parts of the body and give the plural forms for two of them. | die Nase, die Augen, …usw.<br>der Kopf, der Arm (die Arme) usw. |

# *Wiederholung*

*sich freuen auf = to look forward to
*Angst haben vor = to be afraid of

| | | | |
|---|---|---|---|
| Name | Christine Altenburg | Alter | 13 |
| Geburtstag | 3.4. | Sternzeichen | Widder |
| Größe | 1,66 m | | |
| Augen | blau | Haare | blond |
| Geburtsort | Bad Hersfeld | Wohnort | Bad Hersfeld |
| Adresse | Brauergasse 25 | PLZ | 36251 |

Lieblings-

fach   Jozi, Sport

tier   Meerschweinchen Hund

getränk   Cola

sänger/in   viele

sport   Handball Fußball

farbe   schwarz, rot, weiß

buch   Wenn jemand anruft

essen   Nudeln

musik   viele

Meine Hobbys   Handball spielen, Musik hören

Ich freue mich auf*   die Ferien und Urlaub

Ich habe Angst vor*   Krieg

Wenn ich viel Geld hätte, würde ich   eine Weltreise machen mit meinen Freunden und meinen Eltern

## A *Sprechen*

**1** Was weißt du über Christine?

**Sprachtips**

> Sie ist ...
>
> Sie hat ...
>
> Ihr(e) Lieblings... ist
>
> Ihre Hobbys sind ...
>
> Sie freut sich auf ...
>
> Sie hat Angst vor ...

## B *Lesen*

**2** Richtig oder falsch?

a Christine ist 13 Jahre alt.

b Ihr Geburtstag ist im März.

c Sie hat blaue Augen und blonde Haare.

d Sie ist in Bad Hersfeld geboren.

e Sie trinkt gern Cola und ißt gern Pizza.

f Sie hört gern Musik.

g Sie kann Sport nicht leiden.

h Sie hat Angst vor Spinnen.

i Wenn sie viel Geld hätte, würde sie sich gern ein Pferd kaufen.

## C *Hören*

**3** Was weißt du über Christoph?

31

## D *Schreiben*

**4** Füll den Steckbrief für dich aus!

# Projektwoche

## 1 Die Klasse 7b

### Wir stellen uns vor

5    7    9

1   2   3   4   6   8   10

| Alexander | Benjamin | Nicole | Sabina | Timo |
|-----------|----------|--------|--------|------|
| Ariane | Nadine | Roberto | Sascha | Tina |

**1a** Hör zu! Wie heißen wir?      **1b** Was machen wir gern?

**a** Ich interessiere mich für Tiere und Malen.

**f** Mein Berufswunsch ist Köchin zu werden.

**b** Ich bin Computerfan und schreibe eigene Programme.

**g** Ich möchte mal Fallschirmspringen probieren.

**c** Ich bastle sehr gern.

**h** Ich bin aktiv und sehr sportlich.

**d** Mein Hobby ist Karate.

**i** Ich spiele Flöte.

**e** Ich habe ein neues Rad zum Geburtstag bekommen.

**j** Ich will Schauspieler oder Fernsehmoderator werden.

**2** Zu zweit: Wer schreibt? **z.B.** (zum Beispiel) Wir meinen, 'a' ist …

```
Projektwoche 8.-12. April  Programm

Aerobic         Aquarell        Baseball        Basteln

Computerspiele  Fahrradtouren   Graffitiwand    Kampfsportarten

Kartenspiele    Klettern        Kochen          Marionetten

Musizieren      Schwimmen       Segeln          Seidenmalerei

Tanzen          Theater         Töpfern         Wandern
```

**3a** Zu zweit. Was meint ihr? Was werden sie machen?

**Beispiel:**

> Ariane macht Schwimmen.

> Benjamin hat ... ausgewählt.

**3b** Hör zu! Was haben sie ausgewählt?

**3c** Warum? Wer spricht?

a > weil mein Freund das macht.

b > weil ich 'was Neues unternehmen will.

c > weil es nicht zu stressig wird.

d > weil es interessant ist.

e > weil es Spaß macht.

f > weil ich mich dafür interessiere.

g > weil ich das gerne mache.

h > weil es nur 2 Stunden dauert und man früh fertig wird.

i > weil meine Freundin das ausgewählt hat.

j > weil Baseball schon ausgebucht war.

*Zu Hause*
Was würdest du auswählen? Warum?

**Sprachtip**

> Ich würde ... machen, weil ... ▲2

# 2 ▸ Kartenspiele

## Mordversuch

**1**

| Wer? | Wann? | Wie/Womit? | Wo? |
|---|---|---|---|
| Herr Braun | Montag nachmittag | mit einem Hammer | in der Küche |
| Frau Müller | Samstag abend | mit einem Messer | im Wohnzimmer |
| Prof. Altbach | Donnerstag früh | mit einer Pistole | im Badezimmer |
| Herr Fischer | Sonntag | mit einem Aschenbecher | im Geschäft |

**1a** In welche Liste gehören sie?

heute früh

um Mitternacht

Herr Schinken,
der Metzger

mit einem Stuhl

Herr Blumen,
der Gärtner

in der Garage

im Garten

mit dem Nudelholz

um halb elf

Sonntag vormittag

Frau Fleißig,
die Sekretärin

Herr Kohl,
der Gemüsehändler

im Flur

mit dem Blumentopf

Punkt acht Uhr

auf dem Balkon

Fräulein Schnell,
die Sportlerin

vorgestern

auf der Terrasse

mit einem Küchenmesser

**1b** Könnt ihr euch weitere Beispiele überlegen?

**2** Das Spiel

**1** Wählt zusammen vier Listen aus (Wer? Wann? Womit? Wo?)! Jeder schreibt die Listen auf.

**2** Der erste wählt heimlich einen Gegenstand aus jeder Liste aus z.B. Frau Klein; am Montag nachmittag; mit einer Pistole; in der Küche.

**3** Die anderen müssen erraten, der Reihe nach, was er/sie ausgewählt hat und sagen, z.B: „Es war Herr Schnitzel, am Donnerstag früh, mit einem Aschenbecher, im Wohnzimmer."

**4** Der erste sagt:„Alle falsch."
„Ein Gegenstand ist richtig."
„Zwei/drei Gegenstände sind richtig."
oder: „Richtig!"

**5** Der Gewinner wählt einen Gegenstand von jeder Liste und ihr spielt weiter…

heimlich = *secretly*
der Gegenstand = *item*  erraten = *guess*

**Lerntip**

*More on* mit *in Word Patterns 7.*

## Wir spielen Karten

### Spielkarten

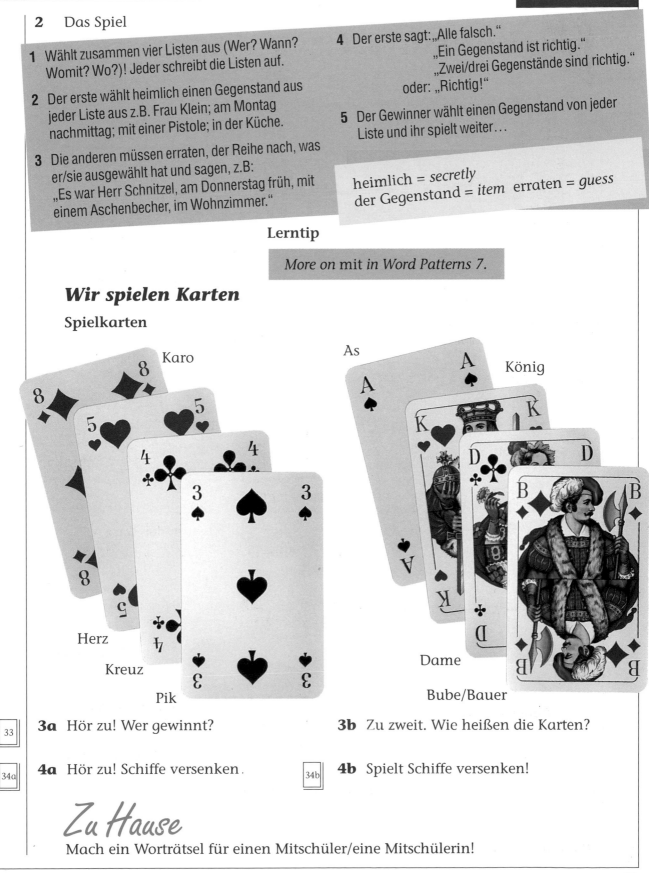

Karo

Herz

Kreuz

Pik

As

König

Dame

Bube/Bauer

**3a** Hör zu! Wer gewinnt?

**3b** Zu zweit. Wie heißen die Karten?

**4a** Hör zu! Schiffe versenken.

**4b** Spielt Schiffe versenken!

*Zu Hause*

Mach ein Worträtsel für einen Mitschüler/eine Mitschülerin!

# 3 ▸ Wir basteln

## Eine Stoffcollage: Die vier Jahreszeiten

Winter               Frühling

Sommer               Herbst

Ihr braucht: Pappe, Papier, Bleistift, bunte Stoffreste oder gefärbtes Papier, Schere, Wollreste, Klebstoff, Pauspapier (oder dünnes Papier) zum Abzeichnen, Schablone.

**1** Zeichne zuerst das Bild einmal groß ab und dann die verschiedenen Einzelheiten.

**2** Wähle Stoffreste oder Papier in den passenden Farben und schneide die einzelnen Stücke aus.

**3** Leg die Stoffstücke (oder gefärbten Papierstücke) auf die Pappe und kleb sie auf der Rückseite fest.

**1** Was brauchst du? Ich brauche …

**2** Wähle eine Jahreszeit aus und bastle das passende Bild!

**3** Beschreib dein Bild!

Mein Winterbild. Der Vordergrund/das Gras ist …
Der Hintergrund/der Himmel ist …
Der Baum ist … usw.

35

Projektwoche

**4**  Partnerspiel: Mal das Bild und beschreib es, so daß dein Partner/deine Partnerin es nachmalen kann!

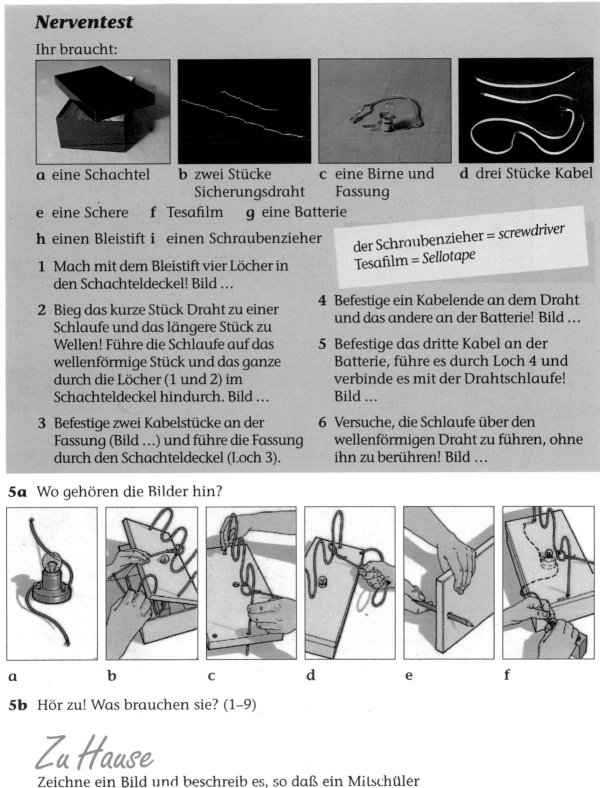

## Nerventest

Ihr braucht:

**a** eine Schachtel   **b** zwei Stücke Sicherungsdraht   **c** eine Birne und Fassung   **d** drei Stücke Kabel

**e** eine Schere   **f** Tesafilm   **g** eine Batterie

**h** einen Bleistift **i** einen Schraubenzieher

der Schraubenzieher = *screwdriver*
Tesafilm = *Sellotape*

**1** Mach mit dem Bleistift vier Löcher in den Schachteldeckel! Bild …

**2** Bieg das kurze Stück Draht zu einer Schlaufe und das längere Stück zu Wellen! Führe die Schlaufe auf das wellenförmige Stück und das ganze durch die Löcher (1 und 2) im Schachteldeckel hindurch. Bild …

**3** Befestige zwei Kabelstücke an der Fassung (Bild …) und führe die Fassung durch den Schachteldeckel (Loch 3).

**4** Befestige ein Kabelende an dem Draht und das andere an der Batterie! Bild …

**5** Befestige das dritte Kabel an der Batterie, führe es durch Loch 4 und verbinde es mit der Drahtschlaufe! Bild …

**6** Versuche, die Schlaufe über den wellenförmigen Draht zu führen, ohne ihn zu berühren! Bild …

**5a**  Wo gehören die Bilder hin?

a       b       c       d       e       f

**5b**  Hör zu! Was brauchen sie? (1–9)

*Zu Hause*
Zeichne ein Bild und beschreib es, so daß ein Mitschüler es richtig anmalen kann!

# 4 ▶ Wir bereiten ein Salatfondue zu

**1** Die Dips. Wie heißen die Zutaten?

Schnittlauch
Sahne
Knoblauch
Kräutersalz
Zitrone
Milch
Senf
Nüsse
Öl
Pfeffer
Orange
Quark
Obstessig
Joghurt

**2** Hör zu! Welche Zutaten braucht man für Orangendip und Rotodip?

**3a** Teilt die Klasse in vier Gruppen ein! Jede Gruppe bereitet einen Dip zu. Welchen Dip macht ihr? Was braucht ihr dazu? Was muß man machen? Teilt die Arbeit!

Für acht Personen braucht ihr:

**Gemüsewürfel**

etwa 1kg Gemüse.

Es eignen sich: Blumenkohl, Sellerie, Rettich, Gurken, Zucchini, Tomaten, Gemüsezwiebeln, Paprikaschoten, Möhren, usw.

*Wasch das Gemüse und schneide es in Stückchen oder Würfel!*

**Roquefortdip**

200g Quark
etwas Milch
50g Roquefort
Kräutersalz
Zitronensaft und
2 Eßlöffel Weißwein

**Nußdip**

250ml Dickmilch
2 Eßlöffel Öl
50g gehackte Nüsse
(Walnüsse oder Haselnüsse)
1 Eßlöffel Zitronensaft
Kräutersalz und Pfeffer

**Käsewürfel**

Es eignen sich: Schafskäse, Gorgonzola oder milder Schnittkäse.

**Obstwürfel**

etwa 500g Obst.

Es eignen sich: Bananen, Kiwis, Weintrauben, Orangen, Birnen, Äpfel, Zitronensaft, gewürfelte Ananas, usw.

*Wasch das Obst und schneide es in Stückchen oder Würfel!*

**3b** Kartenspiel: Die Zutaten.

**4a** Wie findet ihr die Dips? Hat es geschmeckt?

> Rotodip schmeckt mir gar nicht.

> Ich esse lieber Obst als Gemüse.

> Mir schmeckt der Roquefortdip am besten.

> Lecker!

> Bäh!

> Mit Käse ist es besser.

> Mir schmeckt kein Obst.

> Ich esse lieber 'was Salziges als 'was Süßes.

**4b** Mach eine Umfrage! Welcher Dip schmeckt euch am besten?

### Zwischentest 4

I can …

- choose an activity from p.59 and say what I would like to do and why
- (play battleships with a partner)
- choose to make something and say what I am going to make and what I need to do it.

Wiederhole Zwischentest 3!

# 5 Große Pause!

**1** Die Katze miaut! Welches Tier sagt was?

die Schlange

die Katze

der Bär

der Elefant

die Biene

der Specht

der Vogel

das Pferd

der Frosch

die Ente

der Hund

das Schwein

| | | | |
|---|---|---|---|
| **1** schnattert | **4** klopft | **7** quakt | **10** zischelt |
| **2** miaut | **5** bellt | **8** wiehert | **11** brummt |
| **3** trompetet | **6** zwitschert | **9** summt | **12** grunzt |

**Sprichwort**
Hunde, die bellen, beißen nicht.

kriecht = *crawls*
taucht = *dives*

**2** Wie gehen Tiere? Wähle das richtige Wort!

Ein Frosch
Ein Fisch
Eine Ente
Eine Katze
Ein Specht
Eine Schlange
Ein Pferd

**taucht**

**läuft**    **schwimmt**

**watschelt**    **fliegt**    **kriecht**

**springt**    **galoppiert**

**3**

| Pflanzenfresser | Fleischfresser | Allesfresser |
|---|---|---|
| | | |

Ordne diese Tiere der richtigen Spalte zu!

der Löwe

der Tiger

der Mensch

die Kuh

der Wolf

der Hamster

der Bär

die Schildkröte

die Eule

das Nilpferd

**4** Wie wehren sich diese Tiere? Kannst du die Bilder einander zuordnen?

sich wehren = *defend themselves*

die Katze

die Wespe

der Krebs

Horn

Stacheln

der Igel

Zangen

Schnabel

Panzer

Stachel

die Schlange

Huf

Krallen

Giftzähne

Hauer

die Schildkröte

der Stier

der Vogel

das Pferd

das Wildschwein

# 6 Pinnwand

Steckbriefe von unseren Partnerschulen in Bad Salzungen, Österreich, England und Amerika – Wer möchte ihnen schreiben?

Hi Ich heiße Kevin. Ich bin vierzehn Jahre alt Ich bin sehr sportlich. Ich spiele Baseball und Gitarre. Ich schreibe nicht so gut. Ich komme nächstes Jahr im November mit dem Schüleraustausch.

USA

Wer kommt zu mir? Vierzehnjähriges Mädchen sucht eine Freundin zum Briefwechseln und eventuell Austausch-besuch. Mein Hobby ist Shopping und Kleider. Ich gehe gern in die Stadt und treffe mich gern mit Freunden Später möchte ich Designerin werden

Vanessa
Bad Salzungen

Wer kommt zu mir? Ich bin dreizehn Jahre alt und schon acht Jahre Fußballfan. Mein Lieblingsteam ist Bayern München        Nils

Bad Salzungen

Mein Name ist Emma. Ich wohne in Mirfield in Nordengland. Ich höre gern Musik und lese gern, am Wochenende gehe ich reiten. Ich reite sehr gern. Wer schreibt mir?

Mirfield

Ich heiße Lars, ich bin vierzehn Jahre alt Ich habe einen älteren Bruder und eine jüngere Schwester Ich komme nicht so gut mit ihnen aus Mein Lieblingsfach in der Schule ist Theater Ich will Schauspieler werden

Klagenfurt

Ich heiße Oliver. Ich bin dreizehn Jahre alt und wohne in Nordengland. Ich spiele gern Dungeons and Dragons und ich habe einen Computer und mehrere Computerspiele. Wer kommt zu mir?

Mirfield

**1a** Übt zu zweit!
Wem gehören sie?

**Sprachtips**

das Fahrrad gehört …
die Goldfische gehören …

**1b** Hör zu! Was haben sie verloren? (1–6)

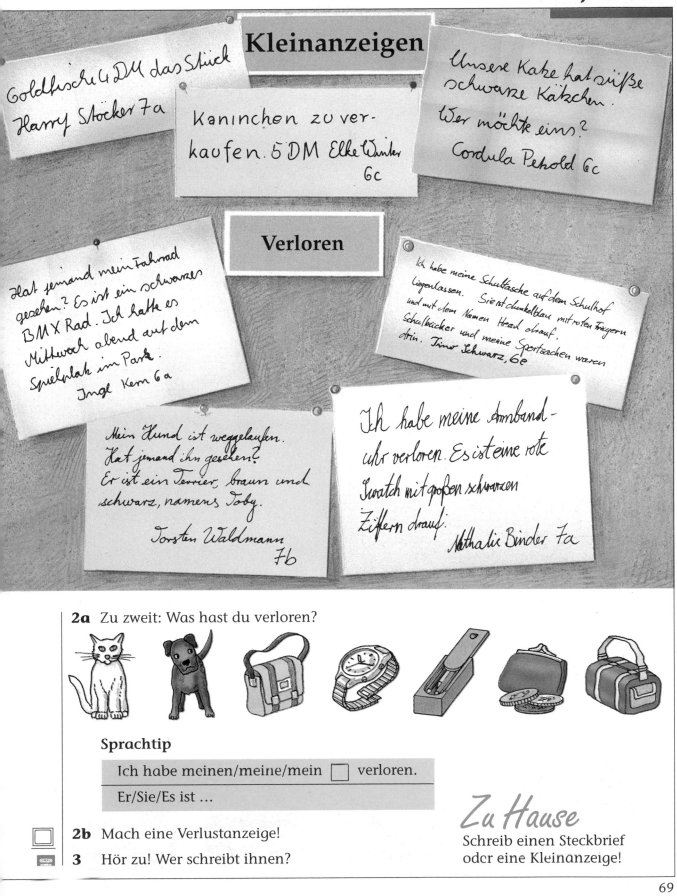

## Kleinanzeigen

Goldfische 4 DM das Stück
Harry Stöcker 7a

Kaninchen zu ver-
kaufen. 5 DM Elke Winter
6c

Unsere Katze hat süße
schwarze Kätzchen.
Wer möchte eins?
Cordula Petzold 6c

## Verloren

Hat jemand mein Fahrrad
gesehen? Es ist ein schwarzes
BMX Rad. Ich hatte es
Mittwoch abend auf dem
Spielplatz im Park.
Inge Kern 6a

Ich habe meine Schultasche auf dem Schulhof
liegenlassen. Sie ist dunkelblau mit roten Trägern
und mit dem Namen Head drauf.
Schulbücher und meine Sportsachen waren
drin. Timo Schwarz, 6e

Mein Hund ist weggelaufen.
Hat jemand ihn gesehen?
Er ist ein Terrier, braun und
schwarz, namens Toby.
Torsten Waldmann
7b

Ich habe meine Armband-
uhr verloren. Es ist eine rote
Swatch mit großen schwarzen
Ziffern drauf.
Nathalie Binder 7a

**2a** Zu zweit: Was hast du verloren?

### Sprachtip

| Ich habe meinen/meine/mein ☐ verloren. |
| --- |
| Er/Sie/Es ist … |

**2b** Mach eine Verlustanzeige!

**3** Hör zu! Wer schreibt ihnen?

*Zu Hause*
Schreib einen Steckbrief
oder eine Kleinanzeige!

# 7 Fahrradtour

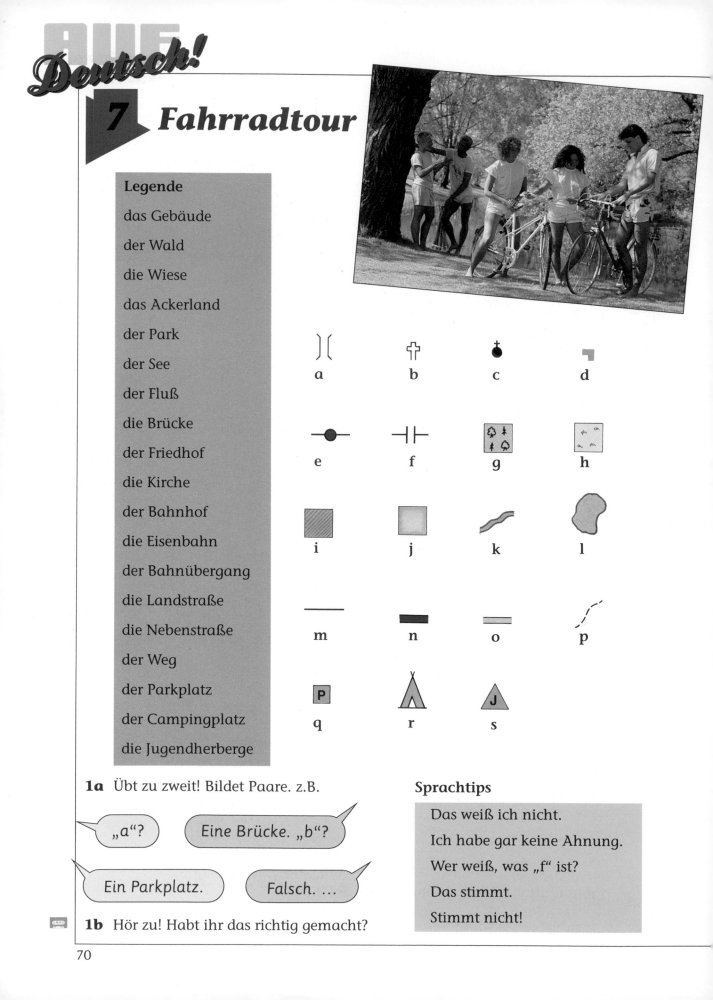

**Legende**

das Gebäude

der Wald

die Wiese

das Ackerland

der Park

der See

der Fluß

die Brücke

der Friedhof

die Kirche

der Bahnhof

die Eisenbahn

der Bahnübergang

die Landstraße

die Nebenstraße

der Weg

der Parkplatz

der Campingplatz

die Jugendherberge

**1a** Übt zu zweit! Bildet Paare. z.B.

„a"?

Eine Brücke. „b"?

Ein Parkplatz.

Falsch. …

**1b** Hör zu! Habt ihr das richtig gemacht?

**Sprachtips**

Das weiß ich nicht.

Ich habe gar keine Ahnung.

Wer weiß, was „f" ist?

Das stimmt.

Stimmt nicht!

70

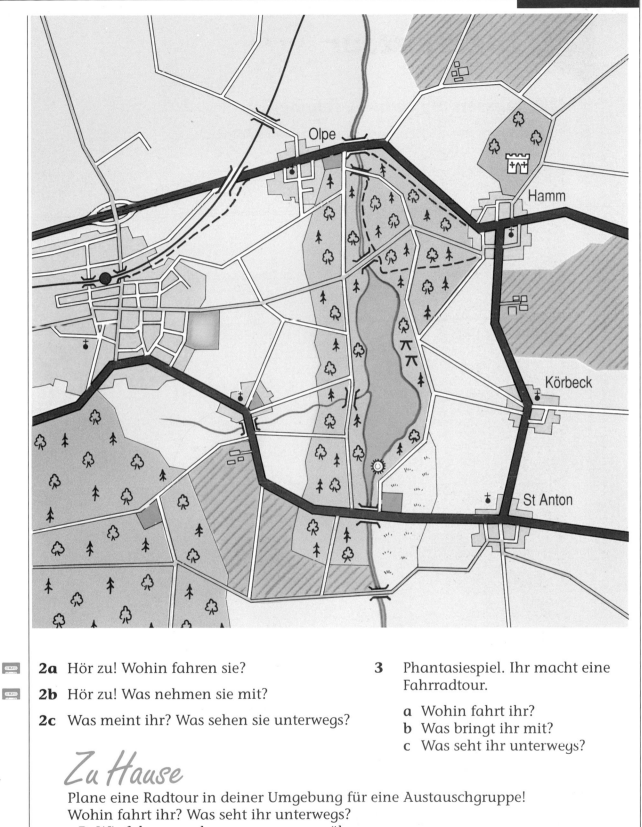

**2a** Hör zu! Wohin fahren sie?

**2b** Hör zu! Was nehmen sie mit?

**2c** Was meint ihr? Was sehen sie unterwegs?

**3** Phantasiespiel. Ihr macht eine Fahrradtour.

   **a** Wohin fahrt ihr?
   **b** Was bringt ihr mit?
   **c** Was seht ihr unterwegs?

## Zu Hause

Plane eine Radtour in deiner Umgebung für eine Austauschgruppe!
Wohin fahrt ihr? Was seht ihr unterwegs?
z.B. Wir fahren nach ........................ über ....................................
Unterwegs sehen wir ................................................................

# 8 Die Ökolis

## Wir müssen die Umwelt schonen.

**1a** Was kann man machen, um die Umwelt zu schonen?
Schlagwörter. Bildet Paare!

| | |
|---|---|
| 1 Wasser sparen – | **a** keine Plastiktüten benutzen! |
| 2 Strom sparen – | **b** mit dem Rad zur Schule fahren! |
| 3 Benzin sparen – | **c** Licht ausmachen! |
| 4 Benzin sparen – | **d** langsamer fahren! |
| 5 Glas recyceln! – | **e** weniger Bäume abholzen! |
| 6 Natur schützen – | **f** den Hahn zudrehen! |
| 7 Leinentaschen benutzen – | **g** Blumen nicht pflücken! |
| 8 Spraydosen vermeiden – | **h** Flaschen zum Container bringen! |
| 9 Altpapier sammeln – | **i** die Ozonschicht schützen! |

**1b** Wähle ein passendes Symbol für jedes Schlagwort aus!

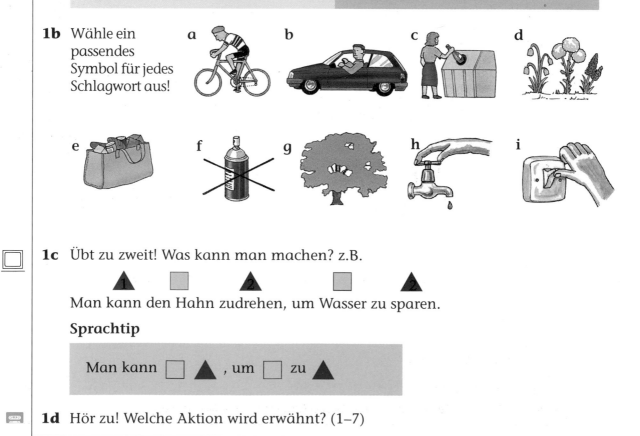

a  b  c  d

e  f  g  h  i

**1c** Übt zu zweit! Was kann man machen? z.B.

▲1  ▢  ▲2  ▢  ▲2

Man kann den Hahn zudrehen, um Wasser zu sparen.

### Sprachtip

Man kann ▢ ▲ , um ▢ zu ▲

**1d** Hör zu! Welche Aktion wird erwähnt? (1–7)

## *Ich habe Angst*

**2a** Zu zweit. Wovor habt ihr am meisten Angst?
Bringt die Sätze in die Reihenfolge von 1–13!
(Wir haben am meisten Angst vor …, dann kommt … usw.)

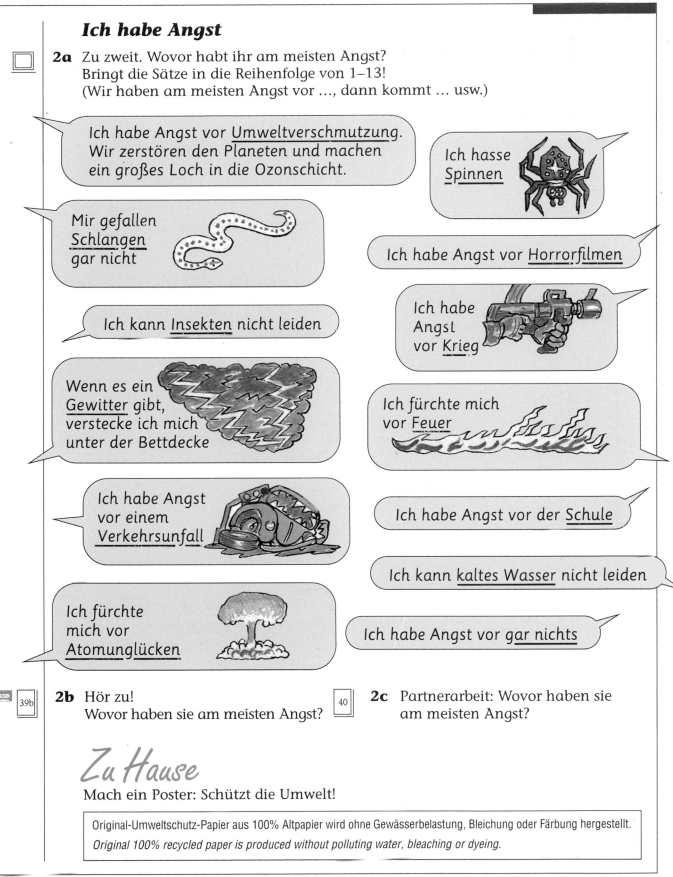

Ich habe Angst vor <u>Umweltverschmutzung</u>.
Wir zerstören den Planeten und machen
ein großes Loch in die Ozonschicht.

Ich hasse
<u>Spinnen</u>

Mir gefallen
<u>Schlangen</u>
gar nicht

Ich habe Angst vor <u>Horrorfilmen</u>

Ich kann <u>Insekten</u> nicht leiden

Ich habe
Angst
vor <u>Krieg</u>

Wenn es ein
<u>Gewitter</u> gibt,
verstecke ich mich
unter der Bettdecke

Ich fürchte mich
vor <u>Feuer</u>

Ich habe Angst
vor einem
<u>Verkehrsunfall</u>

Ich habe Angst vor der <u>Schule</u>

Ich kann <u>kaltes Wasser</u> nicht leiden

Ich fürchte
mich vor
<u>Atomunglücken</u>

Ich habe Angst vor <u>gar nichts</u>

**2b** Hör zu!
Wovor haben sie am meisten Angst?

**2c** Partnerarbeit: Wovor haben sie
am meisten Angst?

# *Zu Hause*

Mach ein Poster: Schützt die Umwelt!

Original-Umweltschutz-Papier aus 100% Altpapier wird ohne Gewässerbelastung, Bleichung oder Färbung hergestellt.
*Original 100% recycled paper is produced without polluting water, bleaching or dyeing.*

# 9 Lernzielkontrolle

I can ...

| | | |
|---|---|---|
| **1** | choose an activity and say what I would like to do:<br>and why:<br>(play a card game or battleships with a partner) | Ich würde Baseball spielen<br><br>weil ich Sport gern mache/weil ich was Neues unternehmen will |
| **2** | choose to make something and say what I am going to make:<br>and what I need to do it: | Ich bastle ein Raumschiff<br><br>Ich brauche etwas Pappe, Papier, einen Bleistift, ein Lineal, Klebstoff, eine Schere, Pauspapier und einen Pinsel und Farben. |
| **3** | prepare something simple to eat and say what I need: | Ich bereite einen Dip zu. Ich brauche Mayonnaise, Sahne, eine Knoblauchzehe, Zitronensaft, Salz, Pfeffer usw. |
| **4** | say what I have lost and describe it: | Ich habe mein Portemonnaie verloren. Es ist blau. |
| **5** | plan a bike ride in my area and name some of the places I would see on it: | Wir fahren nach Kleinstadt und unterwegs sehen wir ... einen Wald, einen See, einen Park, einen Fluß, eine Kirche ... usw. |
| **6** | list three things one can do to protect the environment: | Man kann langsamer fahren, um Benzin zu sparen usw. |
| **7** | say one thing that I am worried about: | Ich habe Angst vor Spinnen. |

# *Wiederholung*

**Steckbrief**

Name: Julia Fischer

Wohnort: Dortmund

Geburtstag: 26.10.

Geburtsort: Köln

Alter: 14 Jahre

Größe: 1,67 m

Haarfarbe: blond

Augenfarbe: braun

Hobbys: Lesen, Schwimmen, Tennis spielen, und Musik (ich spiele Gitarre)

Ich freue mich auf: die Sommerferien, Schwimmen, Tennis spielen und Sonne

Ich habe Angst vor: Umweltverschmutzung. Wir zerstören die Umwelt

Wenn ich viel Geld hätte... würde ich viel reisen. Ich würde nach Afrika fahren, um die wilden Tiere zu sehen, und nach Amerika, Miami und Hollywood.

Schule: ich mache Physik und Mathe gern und Geschichte und Deutsch nicht so gern.

## A *Sprechen*

1 Was weißt du über Julia?

## B *Lesen*

2 Falsch oder richtig?

a Julia ist klein.

b Sie wohnt in München.

c Sie hat blaue Augen und blonde Haare.

d Sie ist sehr sportlich.

## C *Hören*

3 Worauf freuen sie sich? und wovor haben sie Angst?

## D *Schreiben*

4 (2) Verbessere die falschen Sätze!

5 Phantasiespiel. Schreib einen Steckbrief für Bernd!

e Ihr Geburtstag ist im Mai.

f Ihre Lieblingsjahreszeit ist Winter.

g Sie spielt kein Instrument.

h In der Schule macht sie am liebsten Musik.

Bernd

# Freizeit

## 1 Fernsehen

**1a** Was machen wir, wenn die Schule aus ist? Ordne die Titel den Bildern zu!

**1** Ich sehe fern.

**2** Ich mache meine Hausaufgaben.

**3** Ich spiele Tennis.

**4** Ich übe Klavier.

**5** Ich gehe in die Stadt.

**6** Ich lese.

**7** Ich helfe meiner Mutter.

**8** Ich helfe meinem Vater.

**9** Ich schlafe.

**10** Ich fahre Rad.

**11** Ich reite.

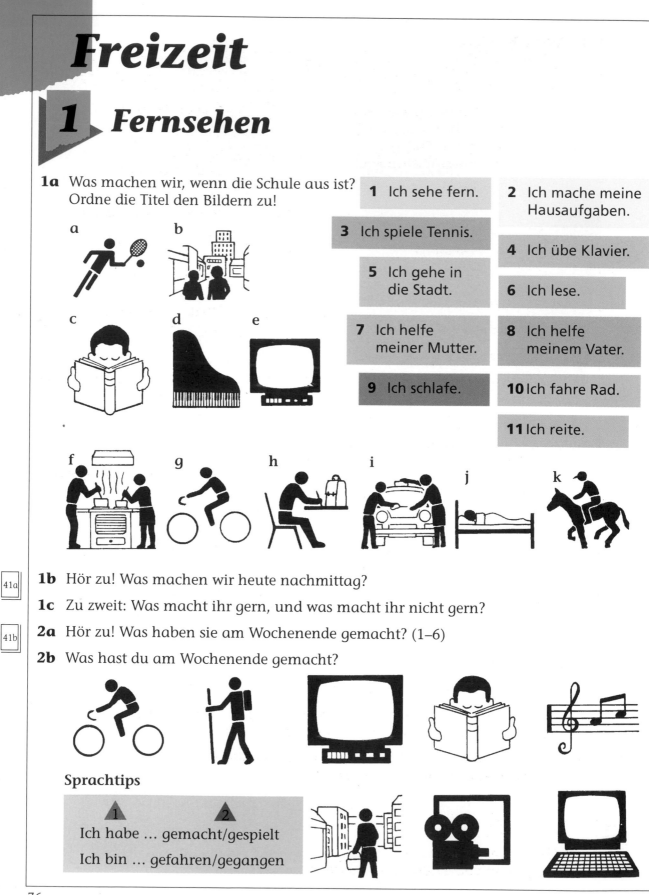

a b

c d e

f g h i j k

**1b** Hör zu! Was machen wir heute nachmittag?

**1c** Zu zweit: Was macht ihr gern, und was macht ihr nicht gern?

**2a** Hör zu! Was haben sie am Wochenende gemacht? (1–6)

**2b** Was hast du am Wochenende gemacht?

**Sprachtips**

**1** Ich habe … gemacht/gespielt

**2** Ich bin … gefahren/gegangen

41a

41b

76

**3** Wir sehen fern.

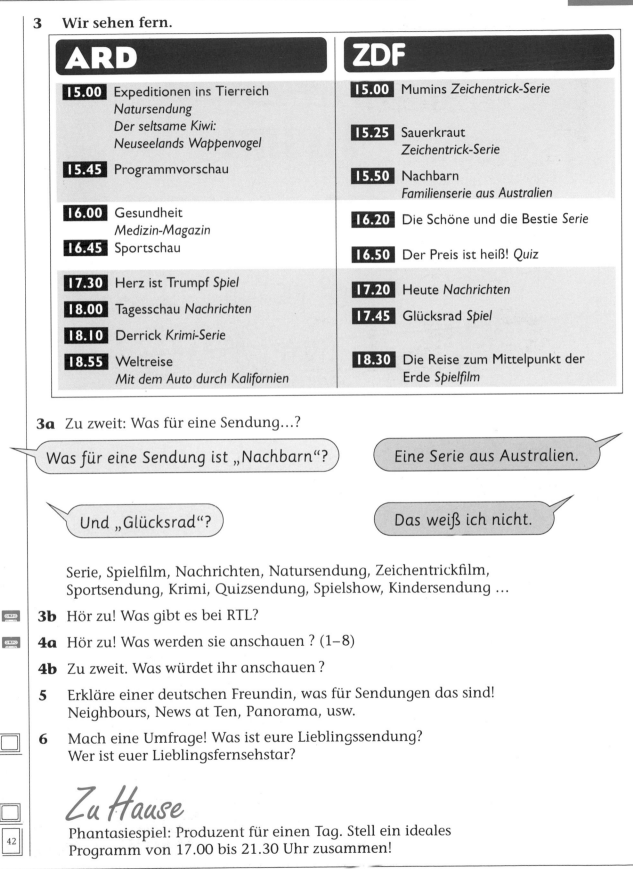

## ARD

| | |
|---|---|
| **15.00** | Expeditionen ins Tierreich *Natursendung* *Der seltsame Kiwi: Neuseelands Wappenvogel* |
| **15.45** | Programmvorschau |
| **16.00** | Gesundheit *Medizin-Magazin* |
| **16.45** | Sportschau |
| **17.30** | Herz ist Trumpf *Spiel* |
| **18.00** | Tagesschau *Nachrichten* |
| **18.10** | Derrick *Krimi-Serie* |
| **18.55** | Weltreise *Mit dem Auto durch Kalifornien* |

## ZDF

| | |
|---|---|
| **15.00** | Mumins *Zeichentrick-Serie* |
| **15.25** | Sauerkraut *Zeichentrick-Serie* |
| **15.50** | Nachbarn *Familienserie aus Australien* |
| **16.20** | Die Schöne und die Bestie *Serie* |
| **16.50** | Der Preis ist heiß! *Quiz* |
| **17.20** | Heute *Nachrichten* |
| **17.45** | Glücksrad *Spiel* |
| **18.30** | Die Reise zum Mittelpunkt der Erde *Spielfilm* |

**3a** Zu zweit: Was für eine Sendung...?

> Was für eine Sendung ist „Nachbarn"?

> Eine Serie aus Australien.

> Und „Glücksrad"?

> Das weiß ich nicht.

Serie, Spielfilm, Nachrichten, Natursendung, Zeichentrickfilm, Sportsendung, Krimi, Quizsendung, Spielshow, Kindersendung ...

**3b** Hör zu! Was gibt es bei RTL?

**4a** Hör zu! Was werden sie anschauen ? (1–8)

**4b** Zu zweit. Was würdet ihr anschauen ?

**5** Erkläre einer deutschen Freundin, was für Sendungen das sind! Neighbours, News at Ten, Panorama, usw.

**6** Mach eine Umfrage! Was ist eure Lieblingssendung? Wer ist euer Lieblingsfernsehstar?

## *Zu Hause*

Phantasiespiel: Produzent für einen Tag. Stell ein ideales Programm von 17.00 bis 21.30 Uhr zusammen!

42

# KINO ECKE

Horrorfilm **Krimi** WESTERN

Zeichentrickfilm Heimatfilm

Liebesgeschichte TRAGÖDIE

SCIENCE FICTION Komödie

**Abenteuer** KRIEGSFILM

Problemfilm

**1a** Was für Filme sind das?

| | | |
|---|---|---|
| Dracula | Top Gun | Vom Winde verweht |
| Buffalo Bill | Spiderman | Dr. Schiwago |
| In 80 Tagen um die Welt | Flammendes Inferno | Kevin – allein zu Haus |
| Airport 2 | M*A*S*H | Robin Hood |
| Eye of the Storm | Entscheidung aus Liebe | Rain Man |

**1b** Hör zu! Was für Filme siehst du gern? (1–10)

**2a** Hör zu! Wann laufen die Filme?

**2b** Hör zu! Welche Filme wollen sie sehen?

**3a** Welche Filme sind das? Siehe 1a.

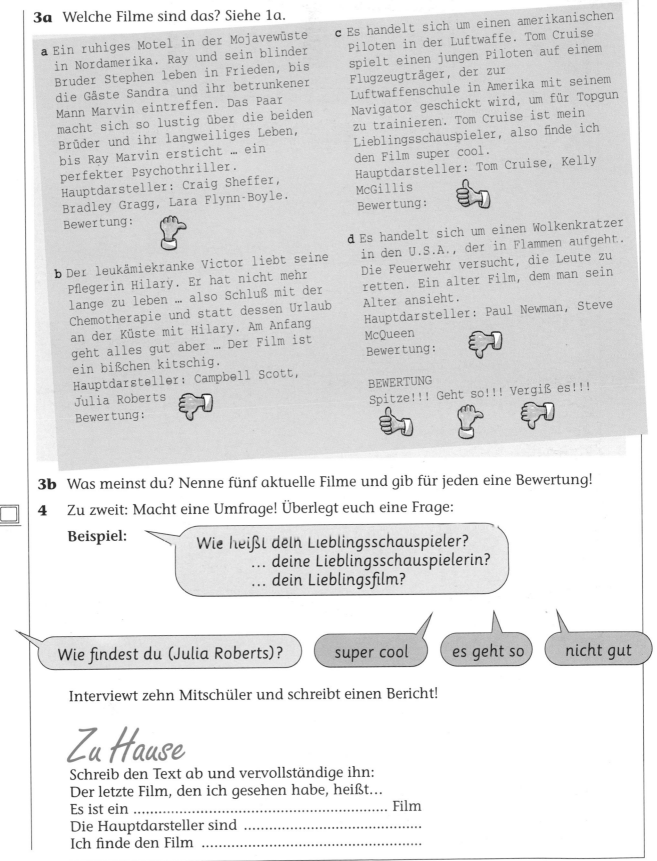

**a** Ein ruhiges Motel in der Mojavewüste in Nordamerika. Ray und sein blinder Bruder Stephen leben in Frieden, bis die Gäste Sandra und ihr betrunkener Mann Marvin eintreffen. Das Paar macht sich so lustig über die beiden Brüder und ihr langweiliges Leben, bis Ray Marvin ersticht ... ein perfekter Psychothriller.
Hauptdarsteller: Craig Sheffer, Bradley Gragg, Lara Flynn-Boyle.
Bewertung:

**b** Der leukämiekranke Victor liebt seine Pflegerin Hilary. Er hat nicht mehr lange zu leben ... also Schluß mit der Chemotherapie und statt dessen Urlaub an der Küste mit Hilary. Am Anfang geht alles gut aber ... Der Film ist ein bißchen kitschig.
Hauptdarsteller: Campbell Scott, Julia Roberts
Bewertung:

**c** Es handelt sich um einen amerikanischen Piloten in der Luftwaffe. Tom Cruise spielt einen jungen Piloten auf einem Flugzeugträger, der zur Luftwaffenschule in Amerika mit seinem Navigator geschickt wird, um für Topgun zu trainieren. Tom Cruise ist mein Lieblingsschauspieler, also finde ich den Film super cool.
Hauptdarsteller: Tom Cruise, Kelly McGillis
Bewertung:

**d** Es handelt sich um einen Wolkenkratzer in den U.S.A., der in Flammen aufgeht. Die Feuerwehr versucht, die Leute zu retten. Ein alter Film, dem man sein Alter ansieht.
Hauptdarsteller: Paul Newman, Steve McQueen
Bewertung:

BEWERTUNG
Spitze!!! Geht so!!! Vergiß es!!!

**3b** Was meinst du? Nenne fünf aktuelle Filme und gib für jeden eine Bewertung!

**4** Zu zweit: Macht eine Umfrage! Überlegt euch eine Frage:

**Beispiel:**

Wie heißt dein Lieblingsschauspieler?
... deine Lieblingsschauspielerin?
... dein Lieblingsfilm?

Wie findest du (Julia Roberts)?    super cool    es geht so    nicht gut

Interviewt zehn Mitschüler und schreibt einen Bericht!

*Zu Hause*

Schreib den Text ab und vervollständige ihn:
Der letzte Film, den ich gesehen habe, heißt...
Es ist ein ............................................................ Film
Die Hauptdarsteller sind ..........................................
Ich finde den Film ..................................................

# 3 Wir machen einen Stadtbummel

**1a** Brainstorming. Wie viele Geschäfte könnt ihr in drei Minuten nennen? Macht das Buch zu!

**1b** Hör zu! Wie viele Geschäfte können wir nennen?

**2a** Hör zu! Im Citycenter.

| | | | |
|---|---|---|---|
| **a** | die Apotheke | **m** | der Geschenkladen |
| **b** | die Bäckerei | **n** | der Juwelierladen |
| **c** | die Bank | **o** | das Kaufhaus |
| **d** | das Bekleidungsgeschäft | **p** | die Konditorei |
| **e** | das Blumengeschäft | **q** | das Lebensmittelgeschäft |
| **f** | die Buchhandlung | **r** | die Post |
| **g** | das Café | **s** | das Schreibwarengeschäft |
| **h** | die Drogerie | **t** | das Schuhgeschäft |
| **i** | das Elektrogeschäft | **u** | der Spielzeugladen |
| **j** | das Fotogeschäft | **v** | das Sportgeschäft |
| **k** | der Friseursalon | **w** | der Süßwarenladen |
| **l** | das Gemüsegeschäft | **x** | die Tierhandlung |

**2b** Wo kann man das kaufen?

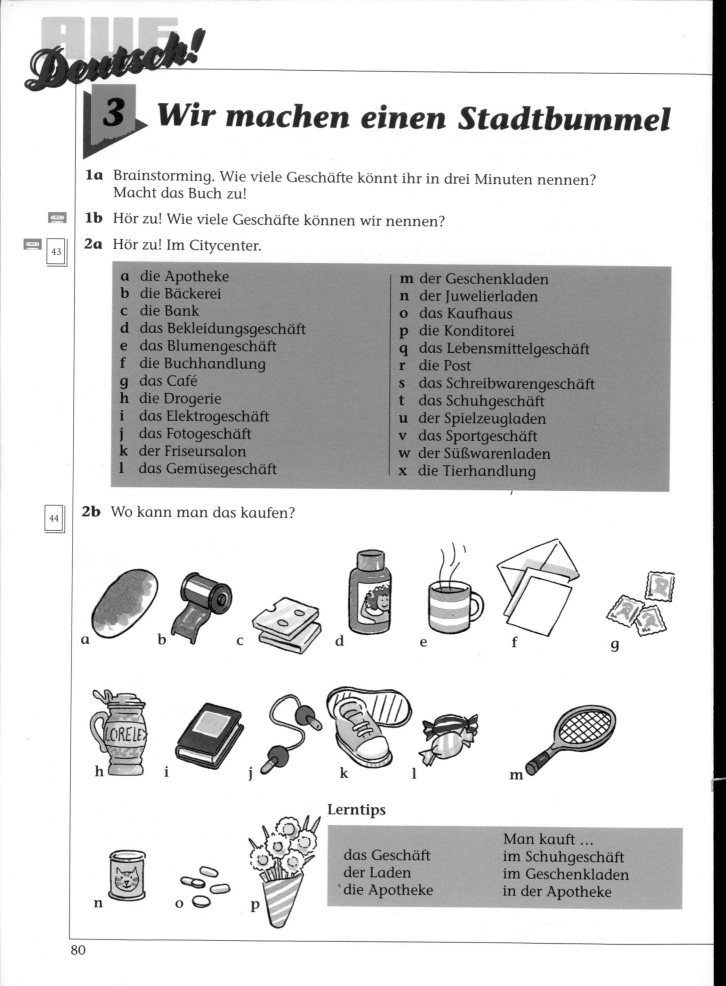

### Lerntips

| | Man kauft ... |
|---|---|
| das Geschäft | im Schuhgeschäft |
| der Laden | im Geschenkladen |
| die Apotheke | in der Apotheke |

### Kulturtip

Wenn man Blumen kauft, kauft man eine ungerade Anzahl.
Wenn man Blumen schenkt, nimmt man das Geschenkpapier ab.

**3a** Hör zu! Was kaufen sie? (1–13)

**3b** In welchem Geschäft sind sie?

**3c** Dialog. Geschenke kaufen. Übt zu zweit!

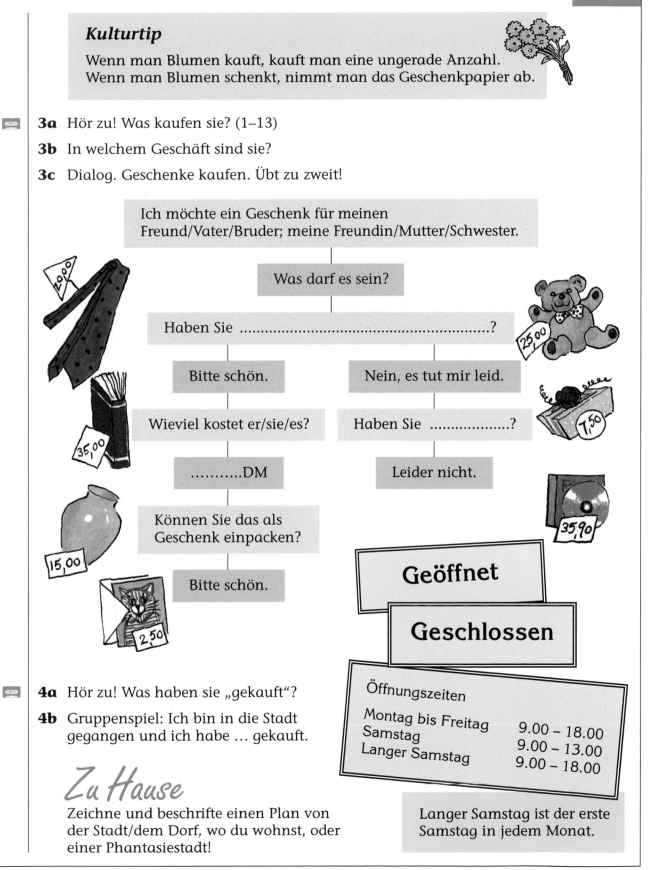

Ich möchte ein Geschenk für meinen
Freund/Vater/Bruder; meine Freundin/Mutter/Schwester.

Was darf es sein?

Haben Sie .................................................?

Bitte schön.

Nein, es tut mir leid.

Wieviel kostet er/sie/es?

Haben Sie ...................?

...........DM

Leider nicht.

Können Sie das als
Geschenk einpacken?

Bitte schön.

**Geöffnet**

**Geschlossen**

**4a** Hör zu! Was haben sie „gekauft"?

**4b** Gruppenspiel: Ich bin in die Stadt
gegangen und ich habe … gekauft.

Öffnungszeiten

| | |
|---|---|
| Montag bis Freitag | 9.00 – 18.00 |
| Samstag | 9.00 – 13.00 |
| Langer Samstag | 9.00 – 18.00 |

*Zu Hause*

Zeichne und beschrifte einen Plan von
der Stadt/dem Dorf, wo du wohnst, oder
einer Phantasiestadt!

Langer Samstag ist der erste
Samstag in jedem Monat.

# Auf Deutsch!

## 4 Ein Imbiß

### Fischgerichte | DM
| | |
|---|---|
| Matjes mit Zwiebeln und Salzkartoffeln | 9,95 |
| Fischfilet gebacken mit Kartoffelpüree | 12,20 |

### Grill und Pfannengerichte | DM
| | |
|---|---|
| Hähnchen mit Pommes Frites und grünem Salat | 11,40 |
| Schnitzel mit Pommes und Salatgarnitur | 12,80 |
| Schweinebraten mit Speckkartoffeln | 11,40 |

### Für den kleinen Appetit | DM
| | |
|---|---|
| 1 Paar Würstchen mit Kartoffelsalat | 8,30 |
| Spanisches Omelett mit Salatgarnitur | 7,50 |
| Schinken mit zwei Spiegeleiern | 7,80 |
| Großer Salatteller | 6,50 |
| Kleiner Salatteller | 4,50 |
| Käseplatte m. Butter u. Bauernbrot | 5,80 |
| Portion Pommes Frites | 3,50 |
| Hawaii Toast (Schinken, Käse und Ananas) | 4,50 |

### Desserts | DM
| | |
|---|---|
| Hausgemachter Apfelstrudel m. Sahne | 7,20 |
| Joghurtbecher | 3,20 |
| Frisches Obst (Apfel, Birne, Orange) | 2,50 |
| Portion Quark | 2,70 |
| Gemischtes Eis mit Sahne | 6,80 |
| Schokoladenkuchen | 4,50 |
| Käsesahnetorte | 4,50 |
| Käsekuchen | 4,50 |

### Getränke | DM
| | |
|---|---|
| Tasse Kaffee | 3,80 |
| Tasse Kaffee (koffeinfrei) | 3,80 |
| Kännchen Kaffee | 4,50 |
| Tasse schwarzer Tee | 3,20 |
| Kamillentee | 3,20 |
| Heiße Schokolade m. Sahne | 4,80 |
| Coca-Cola | 3,50 |
| Fanta | 3,50 |
| Zitronenlimonade | 3,50 |
| Apfelsaft | 4,00 |
| Orangensaft | 4,00 |
| Mineralwasser | 3,50 |

**1** Hör zu! Was haben sie bestellt?

**2a** Was wird hier bestellt?

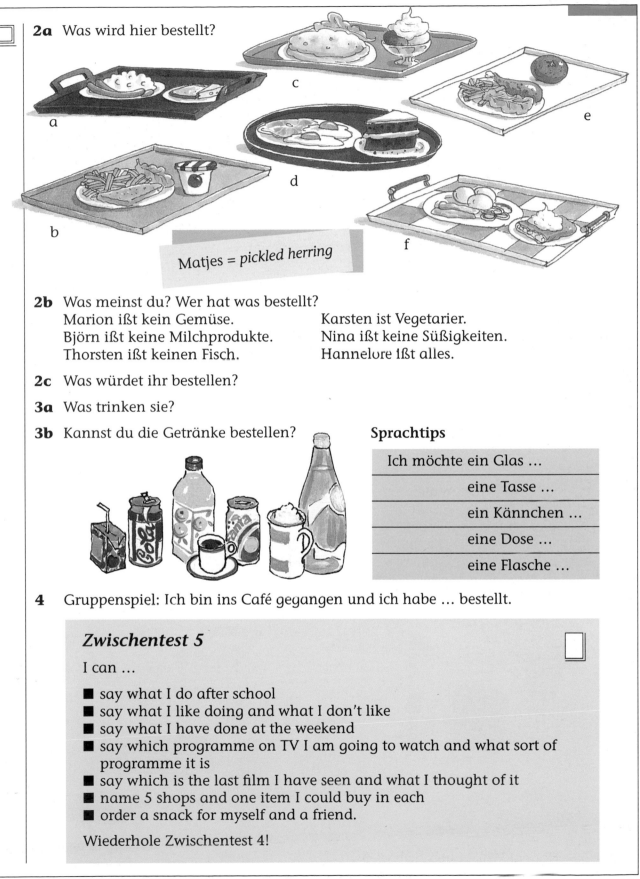

Matjes = *pickled herring*

**2b** Was meinst du? Wer hat was bestellt?

Marion ißt kein Gemüse.
Björn ißt keine Milchprodukte.
Thorsten ißt keinen Fisch.

Karsten ist Vegetarier.
Nina ißt keine Süßigkeiten.
Hannelore ißt alles.

**2c** Was würdet ihr bestellen?

**3a** Was trinken sie?

**3b** Kannst du die Getränke bestellen?

**Sprachtips**

| |
|---|
| Ich möchte ein Glas ... |
| eine Tasse ... |
| ein Kännchen ... |
| eine Dose ... |
| eine Flasche ... |

**4** Gruppenspiel: Ich bin ins Café gegangen und ich habe ... bestellt.

## Zwischentest 5

I can ...

- say what I do after school
- say what I like doing and what I don't like
- say what I have done at the weekend
- say which programme on TV I am going to watch and what sort of programme it is
- say which is the last film I have seen and what I thought of it
- name 5 shops and one item I could buy in each
- order a snack for myself and a friend.

Wiederhole Zwischentest 4!

# 5 ▶ Große Pause

## Stundenplanlied

*Erste Stunde: Schwerste Stunde!*
*Zweite Stunde: Müder Kunde!*
*Dritte Stunde: Für die Hunde!*
*Erste Pause: Will nach Hause!*
*Vierte Stunde: Fluch im Munde!*
*Fünfte Stunde: Noch 'ne Runde!*
*Zweite Pause: Bald nach Hause!*
*Sechste Stunde: Geh zu Grunde!*

Kunde = *customer*   Fluch = *curse*
eine Runde = *a round*   bald = *soon*
Geh zu Grunde = *exhausted*

## Ein merkwürdiges Band

Schneide einen Papierstreifen aus. Dreh ein Ende und klebe die Enden zusammen. Zeichne mit einem Buntstift eine Linie in der Mitte von einer Seite. Schneide das Band an dieser Linie durch. Was ist das Ergebnis?

## Wettersprüche

*Die Sonne scheint, die Sonne sticht,*
*die Sonne brennt so heiß.*
*Ich mache mich im Wasser frisch*
*und schleck' ein kühles Eis.*

*Blitz und Donner! Zickzack! Krach!*
*Regen prasselt nieder.*
*Wenn's genug gewittert hat,*
*scheint die Sonne wieder.*

## Welches Wort fehlt?

Setze ein Wort in die Mitte der zwei Wörter und bilde daraus zwei andere Wörter! Die Bilder helfen dir. Schlag auch im Wörterbuch nach!

sticht = *scorches*   brennt = *burns*
prasselt = *patters*   genug = *enough*
gewittert = *thundered*

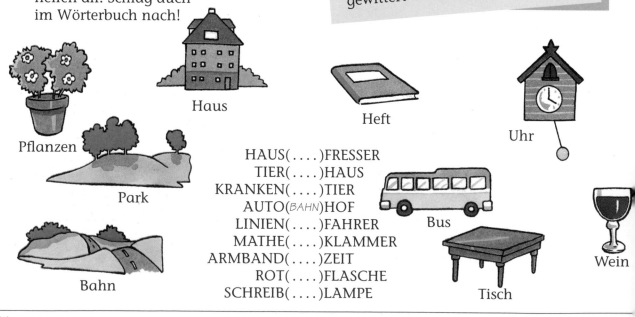

Pflanzen

Haus

Heft

Uhr

Park

Bus

Bahn

Wein

Tisch

HAUS(....)FRESSER
TIER(....)HAUS
KRANKEN(....)TIER
AUTO(*BAHN*)HOF
LINIEN(....)FAHRER
MATHE(....)KLAMMER
ARMBAND(....)ZEIT
ROT(....)FLASCHE
SCHREIB(....)LAMPE

## 6 ▶ Das Jugendzentrum

### Das Jugendhaus Bad Hersfeld

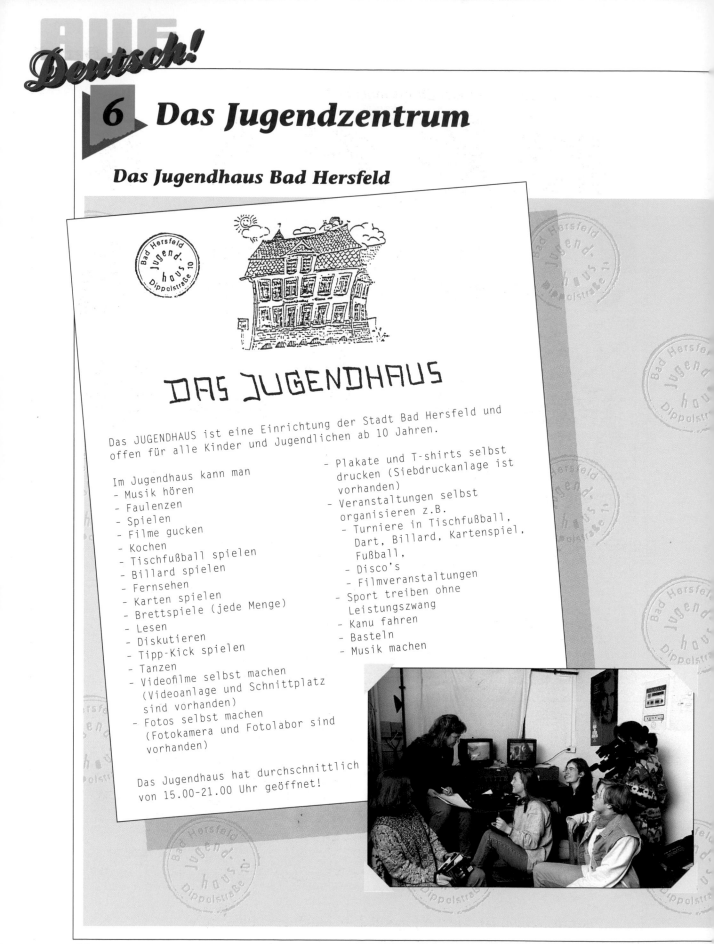

# DAS JUGENDHAUS

Das JUGENDHAUS ist eine Einrichtung der Stadt Bad Hersfeld und offen für alle Kinder und Jugendlichen ab 10 Jahren.

Im Jugendhaus kann man
- Musik hören
- Faulenzen
- Spielen
- Filme gucken
- Kochen
- Tischfußball spielen
- Billard spielen
- Fernsehen
- Karten spielen
- Brettspiele (jede Menge)
- Lesen
- Diskutieren
- Tipp-Kick spielen
- Tanzen
- Videofilme selbst machen (Videoanlage und Schnittplatz sind vorhanden)
- Fotos selbst machen (Fotokamera und Fotolabor sind vorhanden)

- Plakate und T-shirts selbst drucken (Siebdruckanlage ist vorhanden)
- Veranstaltungen selbst organisieren z.B.
  - Turniere in Tischfußball, Dart, Billard, Kartenspiel, Fußball,
  - Disco's
  - Filmveranstaltungen
- Sport treiben ohne Leistungszwang
- Kanu fahren
- Basteln
- Musik machen

Das Jugendhaus hat durchschnittlich von 15.00-21.00 Uhr geöffnet!

**1a** Was kann man im Jugendhaus machen?

**1b** Hör zu! Was werden sie machen?

**2** Wann ist das Jugendhaus geöffnet?

**3** Unser Jugendklub. Mach eine Broschüre (auf deutsch) für den Jugendklub in eurer Gegend! Was kann man da alles machen?

## Zu Hause

Phantasiespiel. Ein idealer Jugendklub. Mach eine Broschüre!

# 7 Ich gehe schwimmen

Geht Ihr auch gern schwimmen?
Ich suche Brieffreunde!

Mein Steckbrief
Name: Sarah Miron
Haarfarbe: blond
Augenfarbe: braun
Größe: 1.66m
Hobby: Leistungsschwimmen

In meiner Freizeit betreibe ich Leistungsschwimmen und trainiere jeden Tag von 17.00 bis 20.00 Uhr. Am Wochenende trainiere ich noch zusätzlich von 10.00 bis 13.00 Uhr, davon 1 Std. Krafttraining und 2 Std. Wassertraining. Im Winter schwimme ich im Hallenbad auf einer 25m Bahn und im Sommer im Freibad auf einer 50m Bahn.

Ich gehöre einer Gruppe von augenblicklich fünf Mädchen und fünf Jungen an. An den Wochenenden haben wir auch oft Wettkämpfe. Die wichtigsten Wettkämpfe sind Hessische, Süddeutsche und Deutsche Meisterschaften. Ich bin dieses Jahr dreifache Hessische und zweifache Süddeutsche Meisterin geworden. An den Deutschen Meisterschaften kann ich erst nächstes Jahre teilnehmen, denn dazu bin ich dieses Jahr noch zu jung. Ich schwimme am liebsten Brust.

die Leistung = *performance*
Leistungsschwimmen = *competitive swimming*
zusätzlich = *additionally*
augenblicklich = *at the moment*
der Wettkampf ("e) = *competition*
teilnehmen = *to take part*

angehören = *to belong to*
die Kraft = *strength*
zweifach = *two times*
Staffel = *relay*
Freistil = *freestyle*

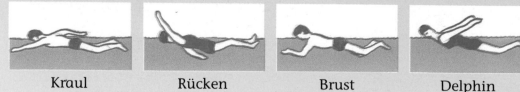

Kraul       Rücken       Brust       Delphin

**1a** Hören und Lesen.

**1b** Zu zweit. Lest abwechselnd einen Satz!
Schreibt eine Liste der Wörter, die ihr nicht kennt!
Findet jemanden, der die Wörter kennt, oder schaut mal im
Wörterbuch nach!

**1c** Schreib einen Text auf englisch über Sarah für die Pinnwand des
Schwimmvereins in eurer Gegend!

**1d** Füll die Lücken aus!

**2** Brainstorming zu zweit mit der Stoppuhr!

**2a** Wie viele Wörter könnt ihr in drei Minuten aufschreiben, die mit
Schwimmen zu tun haben?
**Beispiel:** Schwimmbad, Schwimmhalle, Bademütze…
Macht das gleiche mit:

    **b** Tennis          **c** Fußball          **d** Skifahren …

**3a** Hör zu und mach eine Liste! Welche Sportarten machen wir gern
und was machen wir nicht so gern?

**3b** Was macht dein Partner/deine Partnerin gern und was macht
er/sie nicht so gern?

**4** Welche Sportart ist es? Informiere Dich!

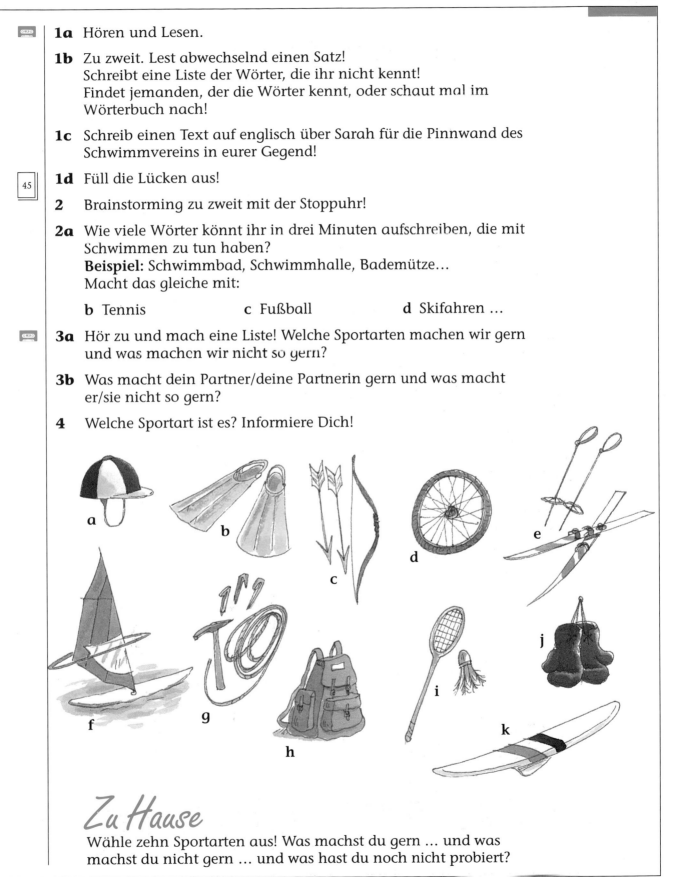

## Zu Hause

Wähle zehn Sportarten aus! Was machst du gern … und was
machst du nicht gern … und was hast du noch nicht probiert?

# 8 ► Omas Geburtstag

**Familienstammbaum**

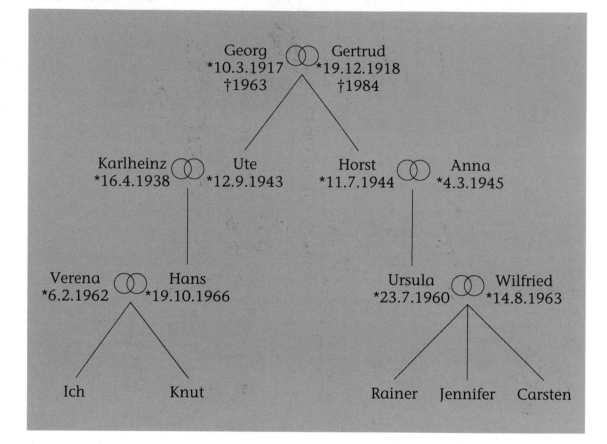

**1a** Wie heißen sie?
Wie alt sind sie?
Wann haben sie Geburtstag?

Meine Mutter … und mein Vater.
Mein Bruder und meine Cousine.
Meine Cousins.
Meine Oma und mein Opa.
Meine Uroma und mein Uropa.
Meine Tante und mein Onkel.

**Lerntips**

*More about male and
female words – see
Word Patterns 8*

**1b** Zu zweit: Stellt euch gegenseitig Fragen! z.B.

Wie heißt Carstens Oma?
Wie heißen Rainers Geschwister?
Wann ist … geboren/gestorben?

Wie heißen seine Eltern?
Hat er einen Bruder?
Wann hat … Geburtstag?

**2** Hör zu! Füll den Stammbaum aus!

**3**   Kaffee und Kuchen

Meine Oma wohnt auf dem Land in einem kleinen Haus in einem schönen Dorf. Wenn sie Geburtstag hat, gehen wir zu ihr. Der Tisch im Wohnzimmer ist immer schön gedeckt, mit einer Kerze in der Mitte. Wir sitzen um den Tisch und trinken Kaffee und essen Kuchen. Meistens bäckt sie den Kuchen selbst. Ich esse am liebsten Bienenstich und Schokoladenkuchen, aber da ihr Geburtstag Ende August ist, bäckt sie oft Zwetschgendatschi und wir essen sie mit Schlagsahne. Zwetschgen sind kleine rote Pflaumen. In Norddeutschland heißt der Kuchen Pflaumenkuchen, aber meine Oma stammt aus München, in Süddeutschland, und sie sagt immer Zwetschgendatschi.

Tanja

**3**   Schreib einen Titel zu jedem Bild!

a

b

c   d   e

**4**   Zeichne deinen eigenen Stammbaum!

*Zu Hause*

Phantasiespiel: Zeichne Draculas Stammbaum!
Wie heißen seine Verwandten?

# 9 Lernzielkontrolle

I can …

| | | |
|---|---|---|
| 1 | say what I do after school: | Ich mache meine Hausaufgaben/sehe fern/fahre Rad usw. |
| 2 | say what I like doing and what I don't like:<br>and what I have done at the weekend: | Ich fahre gern Rad/ich spiele nicht gern Tischtennis.<br>Ich habe gelesen und ich bin in die Stadt gegangen. |
| 3 | say which programme on TV I am going to watch and what sort of programme it is: | Ich gucke Home and Away. Das ist eine Familienserie aus Australien. |
| 4 | say which is the last film I have seen and what I thought of it: | Ich habe Dracula gesehen. Das ist ein Horrorfilm. Ich sehe Horrorfilme gern. |
| 5 | name five shops and one item I could buy in each: | Lebensmittelgeschäft, da kann man Zucker usw. kaufen.<br>Fotogeschäft, da kann man Filme kaufen. |
| 6 | order a snack for myself and a friend: | Ich möchte Schinken mit Spiegeleiern und eine Cola. |
| 7 | say when the youth club is open and what you can do there: | Das Jugendhaus ist um … Uhr geöffnet. Da kann man Tischtennis spielen usw. |
| 8 | name three sports and five words connected with each sport: | Fußball: Spiel, Stadion, Ballon, Trikot, Tor. |
| 9 | talk about my family: | Meine Familie: meine Mutter … mein Vater …<br>Meine Oma heißt … Sie hat … Sie ist … und wohnt …<br>Mein Opa heißt … Er hat … Er ist … und wohnt … |

# *Wiederholung*

## A *Sprechen*

**1** Du bist Anton. Erzähl etwas von deiner Familie!

Anton
Opa Helmut
Mutti Renate
Vater Rolf

Oma Hannelore
Heidi
Hans
Bruno

## B *Lesen*

**2** Was machen sie gern?

**A**

In meiner Freizeit gehe ich im Winter viel Schifahren und Schlittschuhlaufen und abends gehe ich gern Tanzen oder ins Kino, wenn es ein guter Film ist. Im Sommer spiele ich viel Tennis und ich gehe auch gern reiten.

**B**

In meiner Freizeit bastle ich sehr gern. Ich interessiere mich für Flugzeuge. Ich mache Modellflugzeuge und spiele mit meinem Computer. Ich habe viele Computerspiele und ich lerne auch Programmieren. Ich bin nicht sehr sportlich aber Tennis spiele ich ganz gern.

**C**

In meiner Freizeit treibe ich viel Sport. Im Winter fahre ich gern Schi und, wenn das Wetter nicht gut ist, gucken wir Videos oder spielen Karten. Im Sommer gehe ich mit meinen Freunden im See schwimmen. Wir spielen Tennis, fahren Rad oder machen Wanderungen.

a  b  c  d  e  f

g  h  i  j  k  l

m  n  o  p  q

## C *Hören*

**3** Was machen sie in ihrer Freizeit?

## D *Schreiben*

**4** Was machst du, wenn die Schule aus ist?

# Auf ins Blaue!

## 1 Klassenfahrt

**a** Paris
5 Tage ab DM 350,00
Hotel

**b** die Ostsee
5 Tage ab DM 279,00
Ferienwohnungen

**c** Am Bodensee
5 Tage ab DM 240,00
*Camping*

**d** Garmisch Partenkirchen
5 Tage DM 268,00
Schullandheim

**e** Schwarzwald Radtour
5 Tage ab DM 120,00
DJH

**f** Tagesausflug nach Phantasialand
inkl. Eintritt
ab 35 DM

**1a** Hör zu! Wohin fahren sie? (1–8)

**1b** Ihr macht eine Klassenfahrt. Wohin würdet ihr fahren?

### Sprachtips

| ● ▲1 | ■ | ▲2 |
|---|---|---|
| Wir würden | nach Deutschland auf das Land/an die Küste | fahren. |
| Ich würde | in die Berge | gehen. |
| Er/sie würde | nach Paris | fliegen. |

**2a** Wo würdest du wohnen? Wo würdet ihr wohnen?
Wähle fünf Mitschüler aus! Was meinst du?
Wo würden sie lieber wohnen? Frag sie! Hast du richtig geraten?

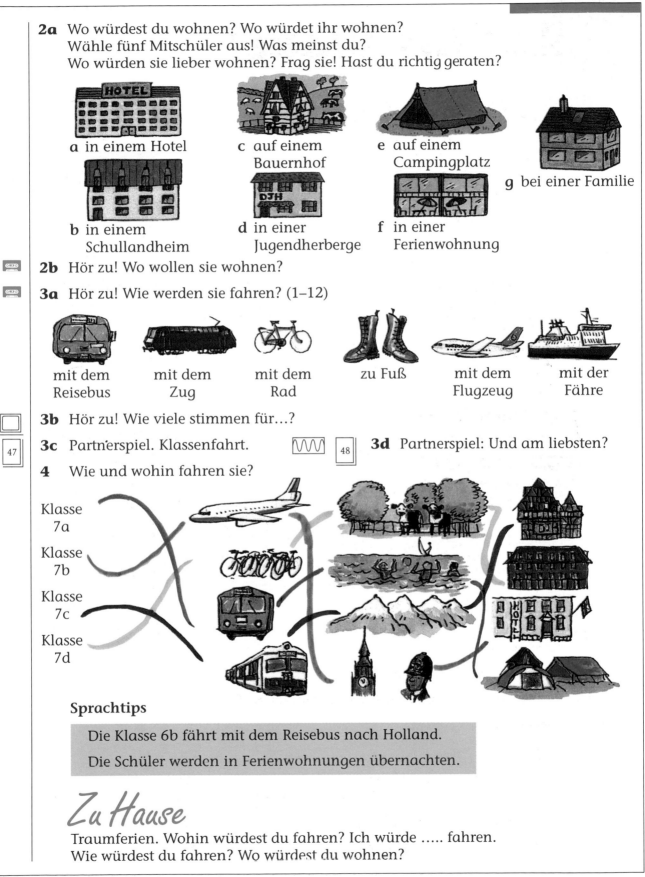

**a** in einem Hotel

**c** auf einem
Bauernhof

**e** auf einem
Campingplatz

**g** bei einer Familie

**b** in einem
Schullandheim

**d** in einer
Jugendherberge

**f** in einer
Ferienwohnung

**2b** Hör zu! Wo wollen sie wohnen?

**3a** Hör zu! Wie werden sie fahren? (1–12)

mit dem
Reisebus

mit dem
Zug

mit dem
Rad

zu Fuß

mit dem
Flugzeug

mit der
Fähre

**3b** Hör zu! Wie viele stimmen für…?

**3c** Partnerspiel. Klassenfahrt.

47

48

**3d** Partnerspiel: Und am liebsten?

**4** Wie und wohin fahren sie?

Klasse
7a

Klasse
7b

Klasse
7c

Klasse
7d

### Sprachtips

Die Klasse 6b fährt mit dem Reisebus nach Holland.

Die Schüler werden in Ferienwohnungen übernachten.

## Zu Hause

Traumferien. Wohin würdest du fahren? Ich würde ..... fahren.
Wie würdest du fahren? Wo würdest du wohnen?

# 2 Wir fahren mit dem Zug

**1a** Mach einen eigenen Sprachführer!
Wie heißen die Schilder auf englisch?

1 **Entwerter** 2 **Fahrplan** 3 **Auskunft**

4 **10 52 Abfahrt** 5 **Fahrkartenautomat** 6 **Ankunft** Kassel

7 **Gleis 1-13** 8 **Warteraum für Reisende der DB** 9 **WEITERE SCHLIESSFAECHER IM EINGANG**

10 Geldwechsel 11 **Unterführung ↘** 12 **Tageskarte**

13 **Fahrausweise** 14 *ICE* 15 Gepäckaufbewahrung

**1b** Wie heißen die Redewendungen auf englisch?

16 *Wann fährt der Zug nach... ?*
17 *Wann kommt der Zug in ... an?*
18 *Muß ich umsteigen? Wo?*
19 *Wo fährt er ab?*
    *Von welchem Gleis fährt er ab?*
20 *Muß man Zuschlag bezahlen?*
    *Ist der Zug zuschlagpflichtig?*
21 *Fährt der Zug über...?*

22 *Entschuldigen Sie bitte, ist das der Zug nach...?*
23 *Fährt der Zug direkt nach...?*
24 *Hat der Zug einen Speisewagen?*
25 *Hat der Zug Verspätung?*
26 *Einmal/zweimal nach ... einfach/hin und zurück.*
27 *Ist hier noch frei?*

Könnt ihr euch weitere Beispiele überlegen?

**2** Hör zu! Welche Karten kaufen sie? Was kosten sie?

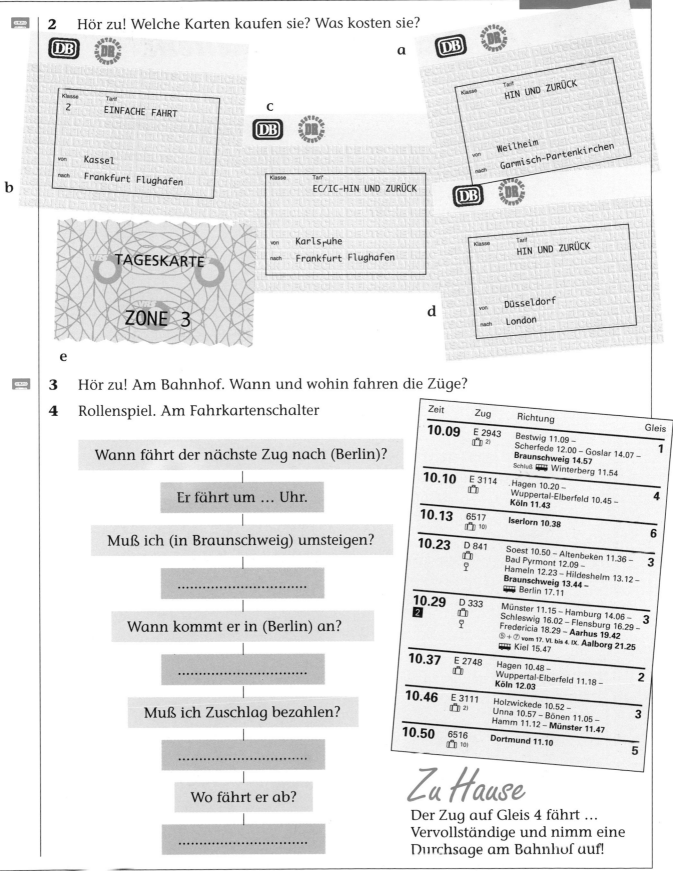

| Klasse | Tarif |
|---|---|
| 2 | EINFACHE FAHRT |

von Kassel
nach Frankfurt Flughafen

**b**

TAGESKARTE

ZONE 3

**e**

**a**

| Klasse | Tarif |
|---|---|
| | HIN UND ZURÜCK |

von Weilheim
nach Garmisch-Partenkirchen

**c**

| Klasse | Tarif |
|---|---|
| | EC/IC-HIN UND ZURÜCK |

von Karlsruhe
nach Frankfurt Flughafen

| Klasse | Tarif |
|---|---|
| | HIN UND ZURÜCK |

von Düsseldorf
nach London

**d**

**3** Hör zu! Am Bahnhof. Wann und wohin fahren die Züge?

**4** Rollenspiel. Am Fahrkartenschalter

Wann fährt der nächste Zug nach (Berlin)?

Er fährt um ... Uhr.

Muß ich (in Braunschweig) umsteigen?

..............................

Wann kommt er in (Berlin) an?

..............................

Muß ich Zuschlag bezahlen?

..............................

Wo fährt er ab?

..............................

| Zeit | Zug | Richtung | Gleis |
|---|---|---|---|
| **10.09** | E 2943 🧳 2) | Bestwig 11.09 – Scherfede 12.00 – Goslar 14.07 – **Braunschweig 14.57** Schluß 🚌 Winterberg 11.54 | 1 |
| **10.10** | E 3114 🧳 | Hagen 10.20 – Wuppertal-Elberfeld 10.45 – **Köln 11.43** | 4 |
| **10.13** | 6517 🧳 10) | **Iserlorn 10.38** | 6 |
| **10.23** | D 841 🧳 🍴 | Soest 10.50 – Altenbeken 11.36 – Bad Pyrmont 12.09 – Hameln 12.23 – Hildesheim 13.12 – **Braunschweig 13.44** – 🚌 Berlin 17.11 | 3 |
| **10.29** ⬛2 | D 333 🧳 🍴 | Münster 11.15 – Hamburg 14.06 – Schleswig 16.02 – Flensburg 16.29 – Fredericia 18.29 – **Aarhus 19.42** ⑤+⑦ vom 17. VI. bis 4. IX. **Aalborg 21.25** 🚌 Kiel 15.47 | 3 |
| **10.37** | E 2748 🧳 | Hagen 10.48 – Wuppertal-Elberfeld 11.18 – **Köln 12.03** | 2 |
| **10.46** | E 3111 🧳 2) | Holzwickede 10.52 – Unna 10.57 – Bönen 11.05 – Hamm 11.12 – **Münster 11.47** | 3 |
| **10.50** | 6516 🧳 10) | **Dortmund 11.10** | 5 |

*Zu Hause*

Der Zug auf Gleis 4 fährt ...
Vervollständige und nimm eine
Durchsage am Bahnhof auf!

97

# 3 ▸ *Was kann man machen?*

**1** Wir lernen Windsurfen

## Surfschule und Testcenter

### *Keine Angst vor schlechtem Wetter!*

*Warm verpackt in Neopren-Anzügen und ungestört von Wasserratten ist das Surfen ein noch größeres Vergnügen*

Unser Schulungsprogramm

**1** Am Anfang steht ein Trockenkurs
Kennenlernen der Ausrüstung und wie man
sie startklar macht.
Erste Erklärung über Starten und Steuern auf
dem Simulator.

**2** Aufs Wasser mit leicht beherrschbaren
Schulungsbrettern.
Balance-Übungen, Drehübungen, Start,
Steuern, Anluven.
Abfallen, Wenden und Halsen, Vorwindfahren,
Amwindfahren, Manöverkreis.

**3** Verhalten in der Notsituation.
Notrigg und Notstop.

**4** Zwischendurch Theorie: Vorfahrtsregeln,
Sicherheitsregeln, Naturschutz, Notsignale, Transport
auf dem Autodach, die wichtigsten Seemannsknoten.

**5** Letzter Schliff – freies Fahren.

**1a** Welches Bild gehört zu welchem Text?

a          b          c          d          e

**1b** Wir gehen surfen. Was meinst du?

**2a** Was kann man machen? Man kann ...

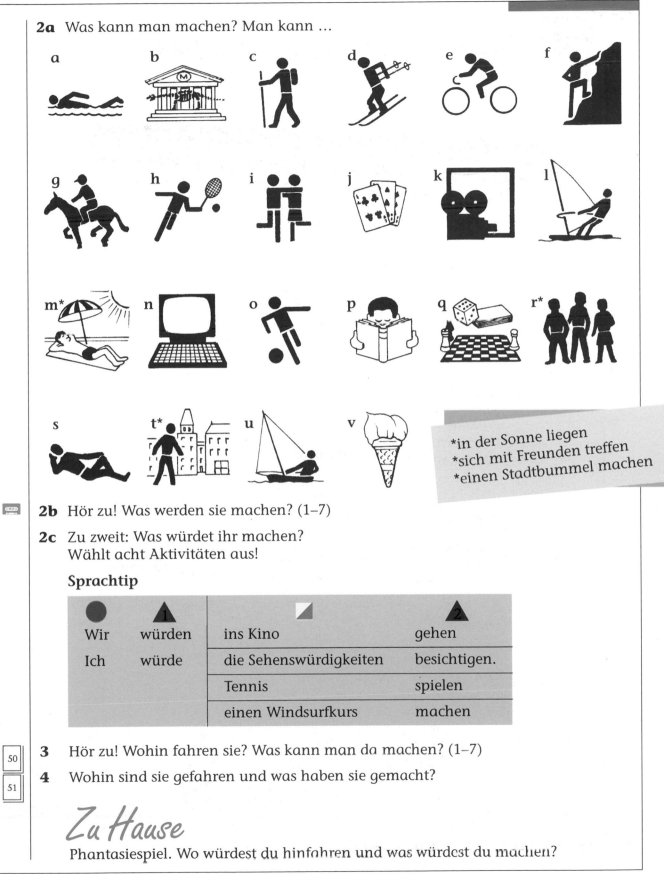

*in der Sonne liegen
*sich mit Freunden treffen
*einen Stadtbummel machen

**2b** Hör zu! Was werden sie machen? (1–7)

**2c** Zu zweit: Was würdet ihr machen?
Wählt acht Aktivitäten aus!

**Sprachtip**

| ● | ▲ 1 | ◪ | ▲ 2 |
|---|---|---|---|
| Wir | würden | ins Kino | gehen |
| Ich | würde | die Sehenswürdigkeiten | besichtigen. |
| | | Tennis | spielen |
| | | einen Windsurfkurs | machen |

**3** Hör zu! Wohin fahren sie? Was kann man da machen? (1–7)

**4** Wohin sind sie gefahren und was haben sie gemacht?

## Zu Hause

Phantasiespiel. Wo würdest du hinfahren und was würdest du machen?

# 4 ▸ *Auf dem Campingplatz*

# Camping Schenk
## Bernkastel *(an der Mosel)*

## Was erwartet Sie bei uns?

Insgesamt 100 Stellplätze.

Geöffnet von Ostern bis 31. Oktober.

Moderne Sanitäranlagen mit allen erforderlichen Einrichtungen, Einzelwaschkabinen, Warm-Duschen, Waschmaschine, etc.

Be– und Entsorgung für Motorcaravans.

Eigenes Schwimmbecken am Platz oder in 1,5 km Nähe beheiztes Freibad und Hallenbad.

Am Moselufer ein Bootssteg für Sportboote.

Direkt am Campingplatz darf auf einer langen Strecke Wasserski gefahren werden.

Wir sind vollkommen frei von Hochwasser.

Angeln ist erlaubt.

## Weitere Möglichkeiten

Schöne Spaziergänge auf den Uferwegen links oder rechts der Mosel.

Wanderungen durch die Weinberge und die Wälder.

Radwanderungen entlang der Mosel.

Schiffsrundfahrten auf der Mosel, oder mit dem Rad hin und mit dem Schiff zurück.

Mehrere Tagesfahrten z.B. nach Trier mit vielen Sehenswürdigkeiten aus der Römerzeit, zum Rheinland oder nach Luxemburg oder Frankreich.

## Gebühren

| | | |
|---|---|---|
| Stellplatz | 8,– | DM/Nacht |
| Person über 14 Jahre | 7,– | DM/Nacht |
| Person unter 14 Jahre | 5,– | DM/Nacht |
| Strom | 0,80 | DM/kwh |
| Anschlußgebühr | 2,– | DM |

**1a** Zu zweit. Was weißt du über
den Campingplatz?
Was kann man da machen?
z.B. Der Campingplatz liegt an
der Mosel.
Man kann eine
Schiffsfahrt machen.

**1b** Ihr fahrt nach Bernkastel! Sag (oder
schreib) deiner Brieffreundin
Sabine (aus Wien, in Österreich)
alles über den Campingplatz, und
was man da unternehmen kann!
Lad sie ein: Kommst du mit?

**2** Schreib einen Brief: Reserviere
einen Platz für deine Familie vom
15.–19. Juli und frage, was für
Sehenswürdigkeiten und
Sportmöglichkeiten es in der
Nähe gibt!

**3** Macht eine Broschüre für
„Camping im Wald"!

> Cheltenham, 15. Mai
>
> Sehr geehrter Herr/Frau…,
> wir möchten gerne im Zeitraum von 7.-
> 14. August einen Stellplatz für einen
> Wohnwagen und ein kleines Zelt
> reservieren. Wir sind zwei
> Erwachsene und zwei Kinder.
>
> Teilen sie uns bitte mit, ob Sie zu
> der Zeit noch einen Platz frei haben
> und ob man Räder leihen kann. Wir
> wären Ihnen dankbar, wenn Sie uns
> eine Broschüre oder anderes Material
> über den Campingplatz und die Gegend
> schickten.
>
> Mit freundlichen Grüßen
>
> ..................................

**4** Hör zu! Ihr bekommt Besuch aus
Österreich. Wieviel sind sie und
wann kommen sie? (1–5)

**5** Zeichne und beschrifte einen Plan:
mein idealer Campingplatz!

## Zwischentest 6

Planning a class trip
I can …

- say where we would like to go, where we would stay and how we
would travel
- ask about trains, when they leave/get in/which platform they go
from/if I have to pay a supplement/change and
- buy a ticket
- say what I would like to do on holiday and what I have done

Wiederhole Zwischentest 5!

# AUF Deutsch!

## 5 Große Pause!

### Eine Reise durch Deutschland

**Hamburg**
Hamburg liegt an der Elbe.

**Köln**
Der Dom zu Köln ist einer der schönsten der Welt. Er hat zwei Türme.

**Berlin**
Berlin ist die größte Stadt Deutschlands.

**Ulm**
Das Münster in Ulm hat den höchsten Turm der Welt.

**Leipzig**
Leipzig ist eine alte Universitätsstadt.

**Dresden**
Dresden ist eine der schönsten Städte Deutschlands.

### Die Spielregeln

- Spielfigur auf eine Stadt stellen!
- Nimm 6 Stück Papier!
- Auf jedes Stück Papier den Namen einer Stadt schreiben!
- Das Stück Papier falten!
- Jeder zieht ein Stück Papier – die Stadt darauf ist dein Ziel. (Wenn deine Spielfigur schon darauf steht, zieh nochmal!)
- Das Spiel beginnt. Jeder würfelt der Reihe nach, und versucht, zum Ziel zu kommen.
- Bei Blau sagst du das Wetter; bei Gelb buchstabierst du ein Wort (die anderen wählen das Wort). Wenn du es nicht kannst, mußt du einmal aussetzen.
- Landest du auf einem besetzten Feld, muß der andere Spieler nochmal von vorne anfangen.
- Wer zuerst zu seinem Ziel kommt, hat gewonnen.

### Sprachtips

Wer ist jetzt dran?  Ich bin dran.
Das stimmt.  Nein, das stimmt nicht.

das Ziel = *destination*
würfeln = *throw the die*
aussetzen = *miss a turn*
von vorne anfangen = *start again from the beginning*
wählen = *choose*

# Traumreise

**1a** Hören und Lesen.

Mein Name ist Stefan Ostertag. Ich wohne in Bad Hersfeld und besuche die Geistertaler Gesamtschule. In den Osterferien war ich für 11 Tage in Florida/USA.

**Tag 1.** Wir sind von Frankfurt aus 10 Stunden nach Washington geflogen und dann in einem 3-stündigen Flug weiter bis nach Miami, wo wir im Hotel "Doubletree" übernachtet haben.

**Tag 2.** Wir haben den Tag mit einem echt amerikanischen Frühstück begonnen. Am Vormittag sind wir mit dem Bus nach Key Largo gefahren. Wir haben eine Fahrt in einem Glasbodenboot gemacht, um die einzigartige Unterwasserwelt zu sehen. Am Nachmittag sind wir in den "Parrot Jungle" gegangen. Dort haben wir viele laute, bunte Papageienarten gesehen.

**Tag 3.** Heute haben wir den Everglades Nationalpark besucht. Wir sind mit einem Gleitboot durch die Sumpflandschaft gefahren. Bei dem Anblick von Alligatoren, Schildkröten und Schlangen habe ich mich wie in einem Abenteuer gefühlt.

**Tag 4.** Heute sind wir nach Sarasota gefahren und haben das Edison Museum besucht, wo Thomas Edison gelebt hat und wo er die Glühbirne erfunden hat. Unser nächstes Ziel ... das Holiday Inn in Clearwater Beach.

**Tag 5.** Wir haben den ganzen Tag mit Baden und Faulenzen am herrlichen Strand von Clearwater Beach verbracht, wo ich meinen 13. Geburtstag gefeiert habe.

**Tag 6.** Wir sind mit einem Linienbus nach Clearwater gefahren, wo wir einen Einkaufsbummel in einem riesigen Einkaufszentrum gemacht haben und jeder eine riesige Pizza gegessen hat.

**Tag 7.** Heute haben wir das tropische Paradies Cypress Gardens besucht und die Pflanzen und Kakteen bewundert, bevor wir weiter nach Orlando gefahren sind.

**Tag 8.** Der größte Tag unseres USA-Aufenthalts stand uns nun bevor. Der Besuch des Traumlandes Walt Disney World. Ein Tag ist leider viel zu kurz!!!

**Tag 9.** Nach dem Frühstück sind wir nach Cape Canaveral, zum Kennedy Space Center, gefahren. Wir haben einen Informationsfilm über die Fahrt mit einer Raumfähre gesehen und zuletzt sind wir zum Seepark Sea World gegangen, wo wir Delphine, Haie und Walshows gesehen haben.

**Tag 10.** Heute mußten wir leider unsere Heimreise antreten. Von Orlando sind wir nach einem traumhaften Urlaub zurück nach Frankfurt geflogen.

**1b** Welcher Tag war es?

a

b

c

d

e

f

g

h

i

j

**2a** Hör zu! Traumreise. Wohin würden sie am liebsten fahren?

**2b** Traumreisen. Wohin würdet ihr gerne fahren?

**Sprachtips**

| Ich würde nach Ägypten fliegen | , um die Pyramiden | zu besichtigen. |
|---|---|---|
| Wir würden an die Küste fahren | , um Windsurfen | zu lernen. |
| | , weil es Spaß macht. | |

## Zu Hause

Wo würdest du am liebsten hinfahren, und warum?
Überleg dir fünf Möglichkeiten!

# Deutsch!

## 7 Ein Tagesausflug

### Radeln mit der Bahn

**1a** Hör zu! Was haben sie gemacht?

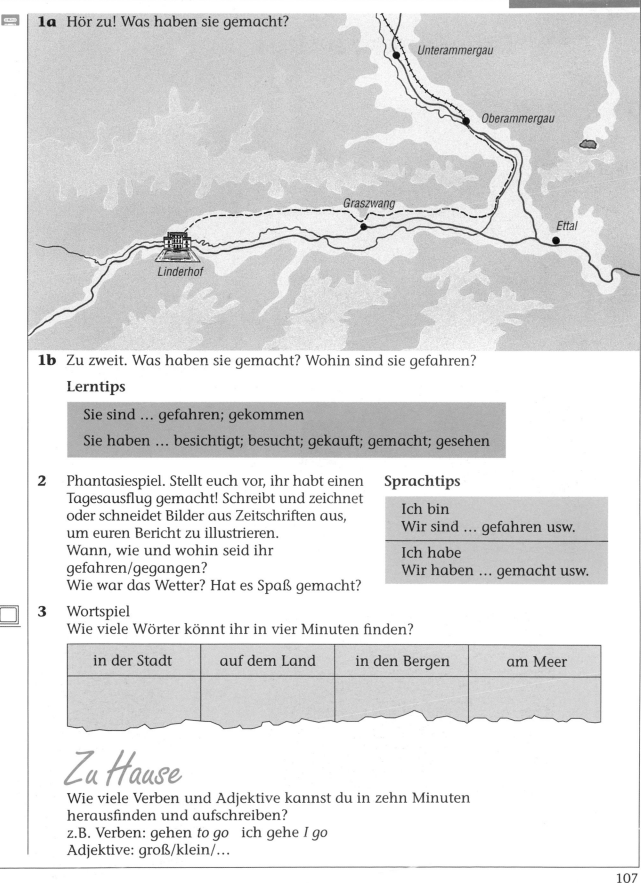

**1b** Zu zweit. Was haben sie gemacht? Wohin sind sie gefahren?

**Lerntips**

> Sie sind … gefahren; gekommen
>
> Sie haben … besichtigt; besucht; gekauft; gemacht; gesehen

**2** Phantasiespiel. Stellt euch vor, ihr habt einen Tagesausflug gemacht! Schreibt und zeichnet oder schneidet Bilder aus Zeitschriften aus, um euren Bericht zu illustrieren.
Wann, wie und wohin seid ihr gefahren/gegangen?
Wie war das Wetter? Hat es Spaß gemacht?

**Sprachtips**

> Ich bin
> Wir sind … gefahren usw.

> Ich habe
> Wir haben … gemacht usw.

**3** Wortspiel
Wie viele Wörter könnt ihr in vier Minuten finden?

| in der Stadt | auf dem Land | in den Bergen | am Meer |
|---|---|---|---|
|  |  |  |  |

## Zu Hause

Wie viele Verben und Adjektive kannst du in zehn Minuten herausfinden und aufschreiben?
z.B. Verben: gehen *to go*   ich gehe *I go*
Adjektive: groß/klein/…

# 8 Im Schnellimbiß

a  2 heiße Würste und Brötchen
b  2 Currywürste mit Pommes
   oder Kartoffelsalat
c  Pommes (groß)
d  Pommes (klein)
e  Schnitzel und Pommes
f  2 Frikadellen
g  Salamibrot
h  Käsebrot
i  Schinkenbrot

## Jede Pizza DM 9,00

j  Pizza Margherita – mit Käse und Tomaten
k  Pizza Prosciutto – mit Käse, Tomaten und Schinken
l  Pizza Funghi – mit Käse, Tomaten und frischen
   Champignons
m  Pizza Quattro Stagioni (Vier Jahreszeiten) –
   Tomaten, Käse, Champignons, Oliven,
   Artischocken, Paprika und Peperoni
n  Pizza Regina – mit Käse, Vorderschinken, frischen
   Champignons und Tomaten
o  Pizza alla Marinara – mit Tomaten, Käse, Knoblauch
   und frischen Meeresfrüchten
p  Pizza Capricciosa – mit Vorderschinken, Tomaten,
   Käse, frischen Champignons, Oliven, Peperoni
   und Kapern
q  Pizza Contadina – mit Käse, Tomaten, Zwiebeln,
   Vorderschinken, frischen Champignons
   und Peperoni
r  Pizza Pane – Pizzabrot
s  Pizza Tonno e Cipolla – mit Käse, Tomaten, Thunfisch
   und Zwiebeln
t  Pizza Hawaii – mit Käse, Tomaten, Vorderschinken
   und Ananas
u  Pizza alla Diavola – mit Tomaten, Käse, Vorderschinken,
   Salami, Peperoni, Knoblauch und Peperoncini

**1a**  Hör zu! Was bekommen sie?

**1b**  Gruppenspiel: was würdet ihr bestellen?

| Coca Cola | 1,80 | Tasse Kaffee | 2,80 |
| Coca Cola Light | 1,80 | Kännchen Kaffee | 3,50 |
| Fanta | 1,80 | Schwarzer Tee | 2,80 |
| Spezi | 1,80 | Kamillentee | 2,80 |
| Zitronenlimonade | 1,80 | Pfefferminztee | 2,80 |
| Apfelsaft | 2,20 | Hagebuttentee | 2,80 |
| Orangensaft | 2,50 | Schokolade m. Sahne | 3,50 |
| Mineralwasser | 2,20 | | |

**2a** Hör zu! Was haben sie bestellt? (1–12)   **2b** Was kostet es?

**3** Rollenspiel

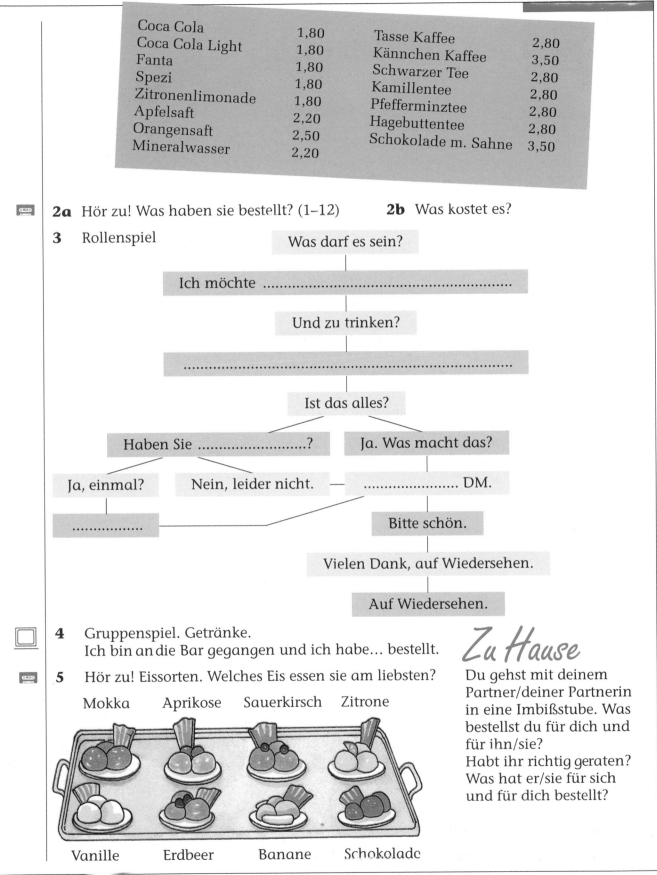

Was darf es sein?

Ich möchte ....................................................

Und zu trinken?

....................................................................

Ist das alles?

Haben Sie ..........................?   Ja. Was macht das?

Ja, einmal?   Nein, leider nicht. —   ...................... DM.

..................   Bitte schön.

Vielen Dank, auf Wiedersehen.

Auf Wiedersehen.

**4** Gruppenspiel. Getränke.
Ich bin an die Bar gegangen und ich habe... bestellt.

**5** Hör zu! Eissorten. Welches Eis essen sie am liebsten?

Mokka   Aprikose   Sauerkirsch   Zitrone

Vanille   Erdbeer   Banane   Schokolade

*Zu Hause*

Du gehst mit deinem Partner/deiner Partnerin in eine Imbißstube. Was bestellst du für dich und für ihn/sie?
Habt ihr richtig geraten? Was hat er/sie für sich und für dich bestellt?

## 9 Lernzielkontrolle

I can ...

| | | |
|---|---|---|
| 1 | say where we would like to go for a class trip and why, where we would stay and how we would travel: | Ich würde/ Wir würden — nach Berlin fahren, um die Sehenswürdigkeiten zu besichtigen. nach Blackpool fahren, weil es Spaß macht. nach Florida fahren, um Disneyworld zu besuchen. mit dem Zug fahren. in einem Hotel wohnen. |
| 2 | ask about trains, when they leave/get in/which platform they go from/if I have to pay a supplement/change: | Wann fährt der Zug nach Bonn? Wann kommt er in Bonn an? Wo fährt er ab? Muß ich  Zuschlag bezahlen? umsteigen? |
| | and buy a ticket: | Einmal/Zweimal nach ... einfach/hin und zurück |
| 3 | say what I would like to do on holiday: | Ich würde/Wir würden  ins Kino gehen Windsurfen lernen |
| | and what I have done: | Ich  habe Tennis gespielt bin nach London gefahren |
| 4 | plan a day trip in my own area and say where I 'have been': | Ich bin/Wir sind ... gefahren, gekommen ....usw. |
| | and what I 'have done': | Ich habe/Wir haben ... gemacht, besucht, besichtigt, gekauft, gesehen...usw. |
| 5 | order a snack for myself and a friend: | Ich möchte einmal Schnitzel mit Pommes und einmal heiße Würstchen mit Brötchen... einmal Fanta und einmal Apfelsaft. |
| | and ask how much it is: | Was macht das? |

110

# Wiederholung

### A Sprechen

**1** Ihr fahrt nach Bernkastel an der Mosel.
Was kann man da alles machen?

**2** Du hast eine Woche in Bernkastel verbracht.
Was hast du gemacht?

### B Lesen

**3** Füll die Lücken aus!

a Die Klasse 7c ist nach ……… gefahren.

b Die Schüler sind mit …….. gefahren.

c Sie haben in ………. gewohnt.

d Sie haben im ……… gekauft.

e Sie haben ………. selbst gemacht.

**4** Was für Ausflüge haben sie gemacht?

### C Hören

**5** Wohin fahren sie? Wie fahren sie dorthin? Was werden sie da machen?

### D Schreiben

**6** Wo würdest du am liebsten hinfahren?

*Ich würde* ………

Im Juni haben wir eine Klassenfahrt nach Domburg in Holland gemacht. Wir sind mit dem Reisebus dorthin gefahren. Wir haben in großen Bungalows in einem Park gewohnt. Im Park befanden sich ein großes Schwimmbad, ein Billiardcafé und ein kleiner Supermarkt, wo wir Brot und Milch usw. gekauft haben. (Wir mußten das Frühstück selbst machen.) Wir haben eine Fahrradtour nach Middelburg gemacht. Wir haben auch Spaziergänge am Strand und einen Tagesausflug nach Amsterdam gemacht. Es hat richtig Spaß gemacht. Ines 7c

# Grammatik ▪ Grammar summary

### Hauptwörter (Nouns)

(To find out if a word is a noun try saying 'the' in front of it in English.)

In German all nouns are written with a capital letter …

der Hund   mein Bruder   das Haus

… and they are all masculine, feminine or neuter:

| Maskulinum | Femininum | Neutrum |
|---|---|---|
| Vater | Mutter | Baby |
| Tisch | Lampe | Radio |

The plural form is indicated in the vocabulary in brackets …

Kind(er) = Kinder; Buch (¨er) = Bücher

… and it is usually indicated in dictionaries like this:

Kind nt -(e)s, **-er** [Kinder]     Katze f -, **-n** [Katzen]
Hund m -(e)s, **-e** [Hunde]     Fenster nt -s, - [Fenster]

## Articles and Possessives

The words for 'the', 'a', 'my', 'your', 'his', 'her' and 'not a' change according to whether the noun they go with is masculine, feminine, neuter or plural.

For example:  the dog (m) –  der/den Hund
the cat (f) –   die Katze
the house (n) – das Haus
the books (pl) –die Bücher

| | Maskulinum | | Femininum | Neutrum | Plural |
|---|---|---|---|---|---|
| | Nom. | Akk. | Nom./Akk. | Nom./Akk. | Nom./Akk. |
| the | der | den | die | das | die |
| a | ein | einen | eine | ein | — |
| my | mein | meinen | meine | mein | meine |
| your | dein | deinen | deine | dein | deine |
| his | sein | seinen | seine | sein | seine |
| her | ihr | ihren | ihre | ihr | ihre |
| 'not a' | kein | keinen | keine | kein | keine |

Nominativ (Nominative): the form used for the subject of a sentence.
Akkusativ (Accusative): the form used for the object of a sentence (after a verb).
For example: I have **a cat**, I need **the book**.

NB Masculine accusative!
der Bruder –  Ich habe **einen** Bruder.      I have a brother.
der Bleistift – Ich brauche **einen** Bleistift.  I need a pencil.
der Stuhl –   Ich habe **keinen** Stuhl.       I haven't a chair.

## Verben (Verbs)

The basic form of the verb is called the **infinitive** and ends in **-en**.

machen = to do or make       trinken = to drink
wohnen = to live             *fahren = to go/drive

In the **present tense** (Präsens)
The Ichform ends in **-e**
ich mache                    ich trinke

The Duform ends in **-st**
Was machst du?               Was trinkst du?

The Erform ends in **-t**
Er macht seine Hausaufgaben  Sie trinkt Fanta

* fahren is an irregular (unregelmäßiges) or 'strong' verb. Strong verbs change in the Du- and Erforms. These verbs are indicated ** in the vocabulary and the new Erform is given.

The pattern of a **regular** (weak) verb: spielen = to play

| singular | | plural | |
|---|---|---|---|
| ich spiele – | I play | wir spielen – | we play |
| du spielst – | you play | ihr spielt – | you play |
| er/sie/es spielt – | he/she/it plays | sie spielen – | they play |
| | | Sie spielen – | you (polite form) play |

The pattern of an **irregular** (strong) verb:
Some verbs take an Umlaut in the Du- and Erforms …

| singular | | plural | |
|---|---|---|---|
| ich trage – | I wear | wir tragen – | we wear |
| du trägst – | you wear | ihr tragt – | you wear |
| er/sie/es trägt – | he/she/it wears | sie tragen – | they wear |
| | | Sie tragen – | you (polite form) wear |

[fahren fährt; laufen läuft; schlafen schläft etc.]

… and some change the stem in the Du- and Erforms:

| singular | | plural | |
|---|---|---|---|
| ich esse – | I eat | wir essen – | we eat |
| du ißt – | you eat | ihr eßt – | you eat |
| er/sie/es ißt – | he/she/it eats | sie essen – | they eat |
| | | Sie essen – | you eat (polite form) |

[geben gibt; lesen liest; sehen sieht; nehmen nimmt]

The verbs sein – to be and haben – to have:

| sein | | haben | |
|---|---|---|---|
| ich bin – | I am | ich habe – | I have |
| du bist – | you are | du hast – | you have |
| er/sie/es ist – | he/she/it is | er/sie/es hat – | he/she/it has |
| wir sind – | we are | wir haben – | we have |
| ihr seid – | you (pl) are | ihr habt – | you (pl) have |
| sie sind – | they are | sie haben – | they have |
| Sie sind – | you are (polite form) | Sie haben | you have (polite form) |

Special verbs:

| | | | |
|---|---|---|---|
| Ich weiß – | I know | Ich kann – | I can |
| Ich muß – | I must | Ich darf – | I may |
| Ich will – | I want to | Ich soll – | I ought to |

The **perfect tense** (Perfekt) is used to talk about something that has happened in the past. To form the perfect tense you use an auxiliary verb (verb 1) and the past participle (verb 2):

| | V1 | V2 | | | | V1 | | V2 |
|---|---|---|---|---|---|---|---|---|
| I | have | played | football | | Ich | habe | Fußball | gespielt |
| I | have | been | to town | | Ich | bin | in die Stadt | gegangen |

In English we only use one auxiliary verb, 'have'. In German they use either haben or sein. Irregular past participles and the auxiliary verb are indicated in the vocabulary lists. Note the word order. Verb 2 (the past participle) always goes to the end of the sentence.

To form the past participle see **Word Patterns 6**. There is a list of strong and irregular verbs at the end of this section.

## Du, ihr and Sie

These all mean 'you'.

Use du when talking to one child or one person who is a close friend or relation – or when talking to an animal.

Use ihr when talking to more than one child or people who are close friends or relations – or to animals.

Use Sie when talking to an adult (or more than one adult) who is not a close friend or relation. This is a polite form.

## Präpositionen (Prepositions)

These can be called trigger words because they usually trigger a change in the word that follows them.

mit – with
| | | |
|---|---|---|
| der Bus | but | mit dem Bus |
| das Rad | | mit dem Rad |
| mein Freund | but | mit meinem Freund |
| meine Freundin | | mit meiner Freundin |

auf and an – on
| | | |
|---|---|---|
| der Tisch | but | auf dem Tisch |
| die Wand | | an der Wand |

zu – to
| | | |
|---|---|---|
| der Bahnhof | but | zum (zu dem) Bahnhof |
| das Rathaus | but | zum (zu dem) Rathaus |
| die Post | | zur (zu der) Post |

für – for  (* für only changes masculine words.)
| | | |
|---|---|---|
| mein Vater | but | für meinen Vater |

## Adjektive (Adjectives)

When an adjective comes in front of the noun it describes, it 'agrees' with it.

|  | Maskulinum | Femininum | Neutrum | Plural |
|---|---|---|---|---|
| Ich habe | einen großen Hund | eine kleine Schwester | ein rotes Hemd | schwarze Schuhe |

When an adjective is on its own it does not take an extra ending: Mein Hund ist groß. Meine Schwester ist klein. Mein Hemd ist rot und meine Schuhe sind schwarz.

## Some strong and irregular verbs

| Infinitive | | Present er/sie/es | Imperfect ich/er/sie/es | Perfect ich |
|---|---|---|---|---|
| anfangen | to begin | fängt an | fing an | habe angefangen |
| anrufen | to call/phone | ruft an | rief an | habe angerufen |
| aufstehen | to get up | steht auf | stand auf | bin aufgestanden |
| bleiben | to stay | bleibt | blieb | bin geblieben |
| bringen | to bring/take | bringt | brachte | habe gebracht |
| essen | to eat | ißt | aß | habe gegessen |
| fahren | to go/travel | fährt | fuhr | bin gefahren |
| fallen | to fall | fällt | fiel | bin gefallen |
| fliegen | to fly | fliegt | flog | bin geflogen |
| geben | to give | gibt | gab | habe gegeben |
| gehen | to go/walk | geht | ging | bin gegangen |
| gewinnen | to win | gewinnt | gewann | habe gewonnen |
| haben | to have | hat | hatte | hat gehabt |
| halten | to hold | hält | hielt | hat gehalten |
| kommen | to come | kommt | kam | bin gekommen |
| lassen | to let | läßt | ließ | habe gelassen |
| laufen | to walk/run | läuft | lief | bin gelaufen |
| lesen | to read | liest | las | habe gelesen |
| nehmen | to take | nimmt | nahm | habe genommen |
| reiten | to ride (horse) | reitet | ritt | bin geritten |
| schlafen | to sleep | schläft | schlief | habe geschlafen |
| schließen | to close | schließt | schloß | habe geschlossen |
| schreiben | to write | schreibt | schrieb | habe geschrieben |
| schwimmen | to swim | schwimmt | schwamm | bin geschwommen |
| sehen | to see | sieht | sah | habe gesehen |
| sein | to be | ist | war | bin gewesen |
| sprechen | to speak | spricht | sprach | habe gesprochen |
| tragen | to carry/wear | trägt | trug | habe getragen |
| treffen | to meet/hit | trifft | traf | habe getroffen |
| trinken | to drink | trinkt | trank | habe getrunken |
| verlieren | to lose | verliert | verlor | habe verloren |
| waschen | to wash | wäscht | wusch | habe gewaschen |
| ziehen | to pull | zieht | zog | habe gezogen |

# Wortschatz ▪ Deutsch – Englisch

Letters in brackets after a noun tell you how to form the plural of a word.
   For example: ein Buch/zwei Bücher
* indicates that the word is a verb. Verbs are given in the infinitive.
** indicates an irregular verb (the Erform is also given).
See pages 113–15 to find out how to form the other parts of the verb (Grammar summary).

## A

der Abend – evening
das Abenteuer – adventure
   aber – but
die Abfahrt – departure
der Abfall – rubbish/litter
** ab/fallen (fällt) – to fall
   off (surfboard)
* ab/zeichnen – to draw,
   copy
das Ackerland – arable land
   allgemein – common
   als – than/when
das Alter – age
das Altpapier – waste paper
** am Wind fahren (fährt) –
   to go close to the
   wind
   an (der Küste) – on (the
   coast)
die Ananas – pineapple
** an/fangen (fängt) – to
   begin
   Angst haben vor ... – to
   be frightened of...
die Anschlußgebühr –
   connection fee
* (sich) an/ziehen – to get
   dressed
der Anzug – suit (of clothes)
die Apotheke – dispensing
   chemist's
die Aprikose – apricot
das Aquarell – watercolour
die Arbeit – work
* ärgern – to annoy
der Arm(e) – arm
die Armbanduhr –
   wristwatch
das As – ace (cards)

der Aschenbecher – ashtray
   auch – also/even
   auf (das Land) – in (to the
   country)
* aufgestanden – see
   aufstehen
* auf/stehen – to get up
das Auge(n) – eye
   augenblicklich – at the
   moment
die Augenfarbe – eye colour
die Aula – hall
die Auskunft – information
* aus/machen – to put out
   (light)
die Ausrüstung – equipment

## B

die Bäckerei – bakery
das Badezimmer – bathroom
der Bahnhof – station
der Bahnübergang – railway
   crossing
der Bart – beard
* basteln – to do
   handicrafts, make a
   model
der Bauch – stomach
der Bauernhof – farm
der Baum(¨e) – tree
   bayerisch – Bavarian
der Becher – beaker/tub
* bedeuten – to mean
* befestigen – to fasten
* begründen – to found
   bei – at
das Bein(e) – leg
zum Beispiel – for example
   bekannt – well-known

das Bekleidungsgeschäft –
   clothing shop
   bemalt – painted
* benützen – to use
das Benzin – petrol
der Berg(e) – mountain
   berühmt – famous
* besichtigen – to see (the
   sights)
* betrachten – to view
das Bett – bed
* bevorzugen – to prefer
die Bewertung –
   grade/opinion
   bewölkt – cloudy
die Bibliothek – library
das Bild(er) – picture
ich bin – I am
der Bindestrich – hyphen
die Birne – pear/lamp bulb
   bitte – please
die Blume(n) – flower
der Blumenkohl – cauliflower
der Blumentopf – flower pot
der Bodensee – Lake
   Constance
die Bootsfahrt – boat trip
der Bootssteg – landing stage
* brauchen – to need
die Brille – glasses
das Brot – bread
das Brötchen – bread bun, roll
die Brücke – bridge
der Brunnen – fountain/well
der Bube/Bauer – Jack/Knave
   (cards)
das Buch(¨er) – book
die Buchhandlung –
   bookshop

der Buchstabe – letter (of alphabet)
bunt – colourful
die Büroklammer – paper clip
die Bushaltestelle – bus stop

## C

der Campingplatz – camp site

## D

die Dame – Queen (cards)
daneben – missed
dann – then
Darf ich? – May I?
der Deckel – lid
der Delphin – dolphin/butterfly stroke
d.h. = das heißt – i.e., that is
dich – you/yourself
der Dichter – poet
dick – fat
doppel – double
die Dose – tin/can
draußen – outside
das Dreieck – triangle
* drucken – to print
die Düne(n) – sand dunes
durch – through
der Durchschnitt – average
*sich duschen – to shower

## E

das Ei(er) – egg
eigen(e/en/es) – (my/your) own
einfach – simple/single (ticket)
die Eingangshalle – entrance hall
die Eingangstür – entrance hall
die Einrichtung – furnishing/fitting out
der Eintritt – entrance (fee)
der Einwohner – inhabitant
die Einzahl – singular
die Einzelheiten – details
das Eis – ice cream
die Eisenbahn – railway

das Eiweiß – (egg white) protein
der Ellbogen (–) – elbow
der Enkel – grandson
die Enkelin – granddaughter
entlang – along
* entwerten – to cancel (a ticket)
* entwickeln – to develop
die Erdbeere – strawberry
die Erde – earth
der Erfinder – discoverer
* erklären – to explain
* erlauben – to allow
erste(r/s) – first
der Erwachsene – adult
es gibt – there are
der Essig – vinegar
der Eßlöffel – dessert spoon, tbsp

## F

der Fahrausweis – ticket
die Fähre – ferry
die Fahrkarte – ticket
der Fahrplan – timetable
der Familienstammbaum – family tree
die Farbe(n) – colour
die Fassung – fitting
fast – almost
* faulenzen – to laze about
* fehlen – to be missing
die Ferien – holidays
die Ferienwohnung – holiday flat
** fern/sehen (sieht) – to watch TV
die Ferse(n) – heel
das Fett – fat
die Fläche – surface
* fliegen – to fly
das Flugzeug – plane
der Flur – hallway/wide corridor
der Fluß – river
Freistil – freestyle
der Freizeitpark – amusement park
*sich freuen auf – to look forward to

der Friedhof – cemetery
die Frikadelle – meat ball
der Friseur – hairdresser
früh – early
der Frühling – spring
* führen – to lead/thread
*sich fürchten vor – to be afraid of
der Fuß(¨e) – foot

## G

das Gebäude – building
geboren – born
der Geburtsort – place of birth
gefärbt – coloured, dyed
gegangen – see gehen
die Gegend – area
* gehören – to belong to…
Geht noch/so! – it's O.K.
Geldwechsel – money exchange
das Gemüse – vegetables
das Geodreieck – set square
geöffnet – open
die Gepäckaufbewahrung – left luggage
geradeaus – straight ahead
die Gesamtschule – comprehensive school
das Geschäft – shop
das Geschenk – present
das Gesicht – face
die Gesichtsteile – parts of the face
gestorben – died
gesund – healthy
geteilt durch – divided by
getroffen – hit
* gewinnen – to win
gewonnen – see gewinnen
glatt – smooth, straight
die Glatze – bald head
gleich – equals/straight away
das Gleis – platform, track
die Größe – size
größer als – bigger than

der Grundnährstoff – basic nutrient
die Grundschule – primary school

## H

der Hagebuttentee – rosehip tea
der Hahn – tap
das Hähnchen – chicken
der Hals – neck
* hassen – to hate
Haupt... – Main...
heiß – hot
hellblau – pale blue
das Hemd – shirt
der Herbst – autumn
das Herz – heart
der Herzog – count/duke
heute – today
der Hinweis – hint
hoch/höchste – high(est)

## I

Ingenieur(in) – engineer
die Insel – island
insgesamt – altogether

## J

jede Menge – a lot
die Juden – the Jews
die Jugendherberge – Youth Hostel
der Juwelierladen – jewellers'

## K

die Kampfsportart – martial arts
das Kännchen – pot/jug
der Kanzler – chancellor/Prime Minister
Karo – diamonds (cards)
der Karton – cardboard
der Käse – cheese
* kaufen – to buy
das Kaufhaus – department store
der Kegel – cone/skittle
* kegeln – to go bowling
keinen/keine/kein – not a

* kennen/lernen – to get to know
die Kerze(n) – candle
das Kind(er) – child
das Kinn – chin
Klasse! – super!
die Klassenarbeit – test
der Klebestift – glue stick
der Klebstoff – glue
die Kleidung – clothes
klein(e/es) – small
die Kleinanzeige – small advert
* klettern – to climb
das Knie (-) – knee
die Knoblauchzehe – clove of garlic
* kochen – to cook
die Kohlenhydrate – carbohydrates
es kommt darauf an – it depends
die Komödie – comedy
der Komponist – composer
die Konditorei – cake shop
der König – king
der Kopf(¨e) – head
die Kraft – strength
die Kralle(n) – claw
das Kräutersalz – herb salt
der Kreis – circle
Kreuz – clubs (cards)
der Krieg – war
der Krimi – detective film
der Kuchen – cake
die Kugel – sphere
kurz(e/es) – short

## L

das Land – country/state
die Landstraße – country (main) road
die Landschaft – countryside
langsam – slow
langweilig – boring
das Leben – life
das Lebensmittelgeschäft – grocers'
das Lehrerzimmer – staff room

ich kann ...
nicht leiden – I can't stand
die Leistung – performance/ competitive
** lesen (liest) – to read
die Leute – people
die Liebesgeschichte – love story
Lieblings- – favourite...
* liegen – to lie
** liegen/lassen (läßt) – to leave behind
lila – lilac-coloured
das Loch(¨er) – hole
lustig! – fun/funny

## M

* malen – to paint
der Malkasten – paint box
die Marionette – puppet
der Matjes – pickled herring
das Meer – sea
die Meeresoberfläche – sea surface
mehr – more
die Mehrzahl – plural
** messen (mißt) – to measure
das Messer – knife
mich – me/myself
mit – with
mittelgroß – average size
das Mittelmeer – Mediterranean
Moderator(in) – TV presenter
die Möglichkeit – possibility
die Mosel – Moselle river
müde – tired
der Mund – mouth

## N

nach – to/after
der Nachmittag – afternoon
die Nachrichten – news
in der Nähe von – near
die Nährstoffe – nutrients
Naturwissenschaftler(in) – scientist
die Nebenstraße – minor road

der Neffe – nephew
* nennen – to name
Neopren-Anzüge – wet suits
die Nichte – niece
niedlich – sweet
noch – yet/more
nochmal bitte – again, please
die Note(n) – mark/grade
Not – need/emergency
das Nudelholz – rolling pin
Nuß (Nüsse) – nut

## O

das Obst – fruit
oder – or
ohne – without
die Oper – opera
in Ordnung – O.K.
die Ozonschicht – ozone layer

## P

die Pappe – cardboard
die Paprikaschote(n) – (green/red) pepper
der Pausenhof – school yard
das Pauspapier – tracing paper
die Pension – guest house
* pflücken – to pick
Pik – spades (cards)
der Pinsel(-) – paint brush
das Plakat(e) – poster
der Po – bottom (bum)
die Postleitzahl – postcode
Präsens – present tense
Prozent – per cent
punkt – punctually/dead on

## Q

der Quark – curd/cream cheese

## R

der Raum – room
das Raumschiff – space ship
das Rechteck – rectangle
regelmäßig – regular

der Reisebus – travel bus/coach
* reisen – travel
das Reiseziel – destination
* reiten – to ride
der Roman – novel (book)
der Rücken – back

## S

die Sahne – cream
* sammeln – to collect
die Sanitäranlagen – washing facilities
die Sauerkirsche – sour cherry (Morello cherry)
die Schablone – pattern/template
der Schafskäse – goat's cheese
der Schatz – treasure
schlank(e/es) – slim
die Schlaufe – loop
schleimig – slimy
das Schließfach(¨er) – locker
der Schlüssel – key
der Schmierzettel – scrap paper
der Schnittkäse – sliced cheese
der Schnittlauch – chives
der Schnurrbart – moustache
schon – already
schön – pretty/nice
das Schreibwarengeschäft – stationers'
* schützen – to protect
Schwager/Schwägerin – brother/sister-in-law
der Schwanz – tail
der Schwarzwald – Black Forest
Schwiegermutter/vater – mother/father-in-law
die Schwimmhaut – webbed foot
der See – lake
die See – sea
die Sehenswürdigkeiten – sights
sehr – very
die Seide – silk
** sein (ist) – to be

seit – since
der Sellerie – celery
der Senf – mustard
sich – him/herself
die Sicherheit – safety
* sitzen/bleiben – to repeat a school year
der Sonnenbrand – sunburn
viel Spaß – have fun!
* sparen – to save
spät – late
die Speise – food
Spitze ! – great!
einen Stadtbummel machen – to go window shopping
die Staffel – relay
stark(er/e/es)   strong
der Stein – stone
die Stelle – place
* steuern – to steer
Stiefbruder/schwester – step-brother/sister
der Strahl – ray (of light)
der Strand – beach
der Strom – current/electricity

## T

der Tagesausflug – day trip
die Taille – waist
tätige Vulkane – active volcanoes
taub – deaf
** teil/nehmen (nimmt) – to take part
die Tierhandlung – pet shop
Toll! – great!
der Topf – pot/pan
* töpfern – to do pottery
der Träger(-) – strap/handle
die Traumreise – dream holiday
** treffen (trifft) – to meet
die Treppe – stairs
trocken(er/e/es) – dry

## U

* üben – to practise
überall – everwhere
* überprüfen – to check
das Ufer(-) – river bank

die Uhr – clock/o'clock
um – at (time)
um ... zu – in order to ...
* um/steigen – to change
(trains)
die Umwelt – environment
umweltfreundlich –
environmentally
friendly
der Umweltschutz –
protection of the
environment
das Ungeheuer – monster
unsichtbar – invisible
die Unterführung – subway
**sich unterhalten (unterhält) –
to chat/converse
* unterrichten – to teach

## V

die Veranstaltung –
event/function
* verbinden – to connect
** vergessen (vergißt) – to
forget
Vergiß es! – forget it!
* verkaufen – to sell
** verlassen (verläßt) – to
leave
* verlieren – to lose
* vermeiden – to avoid
die Verspätung –
delay/lateness
* verstehen – to understand
* versuchen – to try
versunken – sunk
* verursachen – to cause
* verwenden – to use
völlig – completely
vorbei – past
die Vorfahrt – right of way
vorgestern – the day
before yesterday
vorhanden – available
der Vormittag – morning
der Vorschlag – advice

## W

der Wald – wood/forest
wann...? – when?

der Weg – path/lane
** weg/laufen (läuft) – to
run away
weil – because
der Weinberg – vineyard
die (Wein)traube(n) – grape
weit – far
die Welt – world
wenig – little/few
weniger – minus, take
away
wer...? – who?
der Wettkampf(¨e) –
competition
wichtig – important
wie...? – how?
Wien – Vienna
die Wiese(n) – meadow
wirklich – really
Wissenschaftler(in) –
scientist
wo? – where?
woher? – where from?
wohin? – where to?
womit? – with what?
ich würde – I would
der Würfel – cube/dice

## Z

* zahlen – to count
die Zeichenkohle – charcoal
der Zeichentrickfilm –
cartoon
* zeichnen – to draw
* zelten – to camp
das Zeugnis(se) – report
* ziehen – to pull
die Ziffer – number/digit
* zu/drehen – turn off
zuerst – (at) first
zurück – back
zusammen – together
zusätzlich – additionally
die Zutaten – ingredients
der Zweck – purpose
zweifach – two
times/double
zwischen – between

# Wortschatz ▪ Englisch – Deutsch

Letters in brackets after a noun tell you how to form the plural.
For example: ein Buch/zwei Bücher
(adj) means the word is an adjective and will sometimes need a special ending to agree with the noun.
* indicates the word is the infinitive of a verb. The Ichform is given in the present and perfect and if the word is irregular in the present tense the Erform is given too.

## A
after – nach
in the afternoon – am Nachmittag
almost – fast
along – entlang
also – auch
I am … – ich bin
well – Mir geht es gut
we are – wir sind
How are you? – Wie geht es Dir/Ihnen?
Are you…? – Bist Du…? Sind Sie…?

## B
back – zurück
bad (adj) – schlecht
on the beach – am Strand
because – weil (v2 goes to end)
big (adj) – groß
my birthday – mein Geburtstag
a book – ein Buch(¨er)
boring – langweilig
a boy – ein(en) Junge(n)
I have a brother – ich habe einen Bruder(¨)
*to buy – kaufen; ich kaufe/habe gekauft

## C
I am called – ich heiße
I can – ich kann
Can you? – Kannst Du? Können Sie?
*to camp/tent – zelten

*to chat/we talk – sich unterhalten/wir unterhalten uns
a child – ein Kind(er)
at Christmas – zu Weihnachten
on the coast – an der Küste
*to come – kommen; ich komme/bin gekommen
corridor – der Korridor – der Flur (wide e.g. in school)
in the country – auf dem Land

## D
dark (blue) – dunkel (blau)
Dear John – Lieber John!
Dear Mary – Liebe Mary!
it depends – es kommt darauf an
*to do – machen; ich mache/habe gemacht
I have a dog – ich habe einen Hund
a door – eine Tür(en)
double – doppel
*to drink – trinken; ich trinke/habe getrunken
dry – trocken

## E
*to eat – essen; ich esse (er ißt)/habe gegessen
in the evening – abends
this evening – heute abend

## F
far – weit
farm – der Bauernhof
fat (adj) – dick
favourite … – Lieblings-
*to fetch – holen; ich hole/habe geholt
food – das Essen
for – für
* forget – vergessen; ich vergesse/habe vergessen
a friend (m) – ein(en) Freund(e)
a friend (f) – eine Freundin(nen)
* to fly – fliegen; ich fliege/bin geflogen
Have fun! – Viel Spaß!
funny – lustig

## G
a game – ein Spiel(e)
in the garden – im Garten
*to get up – aufstehen; ich stehe auf/bin aufgestanden
*to go – gehen; ich gehe (on foot)/bin gegangen, fahren; ich fahre (er fährt)/bin gefahren

# H

hall (school) – die Aula
hard – schwer
he/she has – er/sie hat
*to have – haben; ich habe/habe gehabt
I haven't a – ich habe kein(e/en)
I haven't a clue – ich habe keine Ahnung
Have you got a …? – Hast Du/Haben Sie ein(e/en) …?
he – er
her/to her – sie/ihr
her book (adj) – ihr Buch
him/to him – ihn/ihm
his book (adj) – sein Buch
at home – zu Hause
(to) home – nach Hause
homework – Hausaufgaben
in the holidays – in den Ferien
a horse – ein Pferd(e)
hot (adj) – heiß
how? – wie?
How are you? – Wie geht es Dir/Ihnen?
How do you like …? – Wie findest Du …?
how many? – wie viele?
how much? – wieviel?

# I

ill – krank
in – in/im
in front of – vor (der Schule/dem Kino)

# K

*to know (something) – wissen; ich weiß/habe gewußt
(someone) – kennen; kenne/habe gekannt
I don't know – ich weiß es nicht

# L

lake – der See
last (adj) – letzt
*to laze about – faulenzen; ich faulenze/habe gefaulenzt
a letter – ein(en) Brief(e)
light (blue) – hell (blau)
I like (books) – ich mag (Bücher) gern
I like (eating) – ich (esse) gern
Do you like (eating)? – Ißt Du gern …?
I like (playing) … – ich spiele gern …
Do you like (playing) … – Spielst Du gern …?
I would like – ich möchte
*to listen to – hören; ich höre/habe gehört
*to live – wohnen; ich wohne/habe gewohnt
long (adj) – lang
I am looking forward to …– ich freue mich auf…
*to lose – verlieren; ich verliere/habe verloren

# M

a magazine – eine Zeitschrift(en)
May I? – Darf ich?
me/to me – mich/mir
Miss – Fräulein
in the morning – vormittags
this morning – heute früh
tomorrow morning – morgen vormittag
Mr – herr
Mrs – Frau
my – mein(e/en)

# N

near – neben, in der Nähe von

# O

* need – brauche; ich brauche/habe gebraucht
new (adj) – neu
next (adj) – nächst
nice (adj) – schön

old (adj) – alt
on the wall – an der Wand
on the table – auf dem Tisch
in my opinion – meiner Meinung nach
opposite – gegenüber
over – über

# P

Pardon? – Wie bitte?
my parents – meine Eltern
past the (cinema/school) – am (Kino)/an der (Schule) vorbei
a picture – ein Bild(er)
*to play – spielen; ich spiele/habe gespielt
please – bitte
*to prefer – bevorzugen; ich bevorzuge
a present – ein Geschenk

# Q

quite – ganz/ziemlich

# R

it is raining – es regnet/hat geregnet
*to read – lesen; ich lese/habe gelesen
*to revise/practise – üben; ich übe/habe geübt
*to ride a bike – radfahren; ich fahre Rad/bin radgefahren
*to ride a horse – reiten; ich reite/bin geritten
a room – ein Zimmer (–)

## S

sea – das Meer; die See
*to send – schicken; ich schicke/habe geschickt
she – sie
short (adj) – kurz
(see the) sights – die Sehenswürdigkeiten (besichtigen)
more slowly – langsamer
small (adj) – klein
snow – der Schnee
it is snowing – es schneit/hat geschneit
soon – bald
I'm sorry – es tut mir leid
*to speak – sprechen; ich spreche (er spricht)/habe gesprochen
I can't stand ... – ich kann ... nicht leiden
step-brother – der Stiefbruder
*to suggest – vor/schlagen; ich schlage vor/habe vorgeschlagen
sunny – sonnig
*to swim – schwimmen; ich schwimme/bin geschwommen

## T

a table – ein(en) Tisch
*to take – nehmen; ich nehme (er nimmt)/habe genommen, bringen; ich bringe/habe gebracht
many thanks – vielen Dank
there is/are – es gibt
Is there? – Gibt es?
they/them – sie
to them – ihnen
thin (adj) – schlank
*to think – meinen; ich meine/habe gemeint

through – durch
tired – müde
to – zu (nach Hause/nach England)
today – heute
together – zusammen
tomorrow – morgen
too – zu
in the town – in der Stadt
into town – in die Stadt
*to travel – reisen; ich reise/bin gereist

## U

under – unter
*to understand – verstehen; ich verstehe/habe verstanden
until (see you soon) – bis (bald)
*to use – benützen; ich benütze/habe benützt

## V

in a village – in einem Dorf
view – die Aussicht

## W

I was – ich war
*to watch TV – fernsehen; ich sehe fern/habe ferngesehen
we/us – wir/uns
the weather – das Wetter
a week – eine Woche
wet – naß
what? – was?
where? – wo?
who? – wer?
why? – warum?
with – mit
without – ohne
I would – ich würde
*to write – schreiben; ich schreibe/habe geschrieben

## Y

yesterday – gestern
you – Du/Sie
to you – Dir/Ihnen
young (adj) – jung
your (adj) – Dein/Ihr

Du Dir Dein have been given with a capital letter for use in letter writing.

# *Aufforderungen ▪ Instructions*

An welche Tage hat sie angerufen? — Which days did she ring up?

Beantworte die Fragen! — Answer the questions.
Bring die Bilder in die richtige Reihenfolge! — Put the pictures in the right order.

Das weiß ich auch nicht. — I don't know either.

Finde heraus! — Find out…
Füll… aus! — Fill in…

Gib weitere Beispiele! — Give some more examples.

Hat es geschmeckt? — Did you like it (food)?
Hat es Spaß gemacht? — Was it fun?
Hör zu! — Listen.
Hör zu und überprüfe! — Listen and check.
Hören, Lesen und Verstehen. — Listening, reading and understanding.

Informiere dich! — Do some research.

Kannst du die Texte verbessern? — Can you correct the texts?
Könnt ihr euch weitere Beispiele überlegen? — Can you think of more examples?
Kreise sie ein! — Put a circle round them.
Kreuze sie an! — Put a cross by them.

Lest jeweils abwechselnd (einen Absatz) vor! — Take turns to read (a paragraph) each.

Lesen und Verstehen. — Reading and understanding.

Mach ein Worträtsel für einen Mitschüler! — Make a word puzzle for a schoolmate.

Mach eine Kopie! — Make a copy.
Mach eine Umfrage! — Carry out a survey.
Mach(t) das Buch zu! — Close the book.

Nimm ihn auf Band auf! — Record it.

Ordnet die Länder der Einwohnerzahl nach! — Put the Länder in order of population.

Ordnet die Titel den Bildern zu! — Match the captions to the pictures.
Ordnet sie in chronologischer Reihenfolge! — Put them in chronological order.
Ordnet sie den Nährstoffen zu! — Match them to the nutrients.

Plane eine Radtour in deiner Umgebung für eine Austauschgruppe! — Plan a cycle trip near you for an exchange group.

Schau mal im Wörterbuch nach! — Look it up in the dictionary.
Schau mal unter „anfangen" nach! — Look it up under 'anfangen'.
Schreib den Text ab! — Copy the text.
Schreib(t) einen passenden Titel zu jedem Bild! — Write a suitable caption for each picture.

| | |
|---|---|
| Schützt die Umwelt! | Protect the environment. |
| Sieh dir die Karte an! | Look at the map. |
| Spielt weiter! | Go on playing. |
| Stellt euch gegenseitig Fragen! | Ask each other questions. |
| Stellt euch vor,… | Imagine… |
| Stimmt das oder stimmt das nicht? | Is that right or not? |
| | |
| Teilt die Klasse in vier Gruppen ein! | Split the class into four groups. |
| | |
| Übt zu zweit! | Practise in pairs. |
| Überlegt euch eine Frage! | Think of a question. |
| | |
| Verbessere die falschen Sätze! | Correct the false sentences. |
| Vervollständige den Text! | Complete the text. |
| | |
| Wähle… aus! | Choose… |
| Wann laufen die Filme? | When are the films on? |
| Wann ist das Jugendhaus geöffnet? | When is the youth club open? |
| Wann sind sie geboren und wann sind sie gestorben? | When were they born and when did they die? |
| Was braucht ihr dazu? | What do you need for it? |
| Was braucht ihr noch? | What else do you need? |
| Was bringen sie? | What do we get from them? |
| Was fehlt ihnen? | What haven't they got? |
| Was haben sie ausgewählt? | What have they chosen? |
| Was kann man machen, (um die Umwelt zu schonen)? | What can we do (to save the environment)? |
| Was könnte man noch tun? | What else could they do? |
| Was machen wir, wenn die Schule aus ist? | What do we do after school? |
| Was meinst du? | What do you think? |
| Was nehmen sie mit? | What are they taking with them? |
| Was sehen sie unterwegs? | What do they see on the way? |
| Was weißt du über… ? | What do you know about… ? |
| Was werden sie machen? | What are they going to do? |
| Was würdest du auswählen? | What would you choose? |
| Was würdet ihr anschauen? | What would you watch? |
| Was ziehen sie für die Schule an? | What do they wear to school? |
| Welche Buchstaben/Zahlen fehlen? | What letters/numbers are missing? |
| Welche Filme wollen sie sehen? | What films do they want to see? |
| Welche Karten kaufen sie? | What tickets do they buy? |
| Welche Sportart ist es? | What kind of sport is it? |
| Welcher Titel gehört zu welchem Bild? | Which caption belongs to which picture? |
| | |
| Wem gehören die Kleidungsstücke? | Who do the clothes belong to? |
| Wer gewinnt? | Who wins? |
| Wer spricht? | Who's speaking? |
| Wie bist du dahin gefahren? | How did you get there? |
| Wie heißt „ärgern" auf englisch? | What's 'ärgern' in English? |
| Wie sieht es bei euch in der Schule aus? | What's it like at your school? |
| Wie waren die Ferien? | How were the holidays? |
| Wie viele stimmen für… ? | How many vote for… ? |
| Wir stellen uns vor. | We introduce ourselves. |

|  |  |
|---|---|
| Wo kann man das kaufen? | Where you can buy this? |
| Wo siehst du diese Forme im Alltag? | Where do you see these shapes in everyday life? |
| Wo sind sie? | Where are they? |
| Wo warst du in den Sommerferien? | Where did you go for the summer holidays? |
| Wofür sind sie bekannt? | What are they well-known for? |
| Wohin bist du gefahren? | Where did you go? |
| Worauf freuen sie sich? | What are they looking forward to? |
| Wovor habt ihr am meisten Angst? | What are you most frightened of? |

## Aufforderungswortschatz – *Instructions vocabulary*

abwechselnd – alternately
aktuell – current
am Fahrkartenschalter – at the ticket office
am Telefon – on the phone
aus/schneiden – to cut out
aus/suchen – to pick out
auswendig lernen – to learn by heart

das Beispiel – example
bekommen – to get
der Bericht – report
beschreiben – to describe
beschriften – to label
bestellen – to order
der Besuch – visit
biegen – to bend
bilden – to make, form
bringen – to bring, put

die Durchsage – announcement

Einzahl und Mehrzahl – singular and plural
die Ergebnisse – results
erklären – to explain
** erraten (errät) – to guess
erzählen – to tell

falsch – wrong
fest/kleben – to stick
fragen – to ask
führen – to lead, thread

Galgenraten – Hangman
** geben (gibt) – to give
gehören – to belong to

immer – always
immer noch – still

jeder – every

kennen – to know

die Legende – key (map)
die Lücke – gap

malen – to colour, paint
man könnte – one could…
männlich oder weiblich? – male or female?
merkwürdig – remarkable
die Möglichkeit – possibility, chance
möglichst viel – as many as possible

nach/malen – to copy (colouring)
nennen – to name

passend – suitable
das Phantasiespiel – game of imagination
Präsens – present

rechnen – to calculate
die Redewendung – expression
regelmäßige Verben – regular verbs
die Reihenfolge – order
das Reiseziel – destination
das Resümee – summary
richtig – right

die Schatzsuche – treasure trail
Schiffe versenken – Battleships
Schlagwörter – slogans
das Spiel – game
der Sprachführer – phrasebook
stimmen – to be right

das Tagebuch – diary
teilen – to divide, split

üben – to practise
unregelmäßige Verben – irregular verbs
unternehmen – to undertake, do

Verb mit Zusatz – separable verbs
verbinden – to connect
verschieden – various
versuchen – to try
vervollständigen – to complete
der Vorschlag – suggestion

während der Ferien – during the holidays
warum? – why?
was für… ? – what kind of… ?
weiter – further, more
welche(r/n/s)? – which?
wiederholen – to repeat
wofür? – for what?

zählen – to count
z.B. (zum Beispiel) – for example
zeichnen – to draw
zu zweit – in twos
zu/bereiten – to prepare
zusammen/bringen – to put together
zusammengerechnet – added together
zusammen/stellen – to put together

# Spickzettel ▪ Cheat sheet

| | |
|---|---|
| Ich verstehe nicht. | I don't understand. |
| Wie heißt das auf deutsch? | What is it in German? |
| Wie heißt das auf englisch? | What is it in English? |
| Wie schreibt man das? | How do you write/spell it? |
| Wie bitte? | Pardon? |
| Langsamer! | Slower! |
| Sprechen Sie bitte langsamer! | Please speak more slowly. |
| Nochmal! | Again! |
| Ich habe keinen…/keine…/kein… | I haven't a … |
| Hast du/Haben Sie einen/eine/ein…? | Have you a …? |
| Entschuldigen Sie bitte … | Excuse me… |
| Es tut mir leid. | I'm sorry. |
| Verzeihung! | Sorry! Pardon! |
| Ich weiß nicht. | I don't know. |
| Können Sie mir/uns helfen? | Can you help me/us? |
| Darf ich aufs Klo? | May I go to the toilet? |
| Bitte! | Please! |
| Danke! | Thank you! |
| Vielen Dank! | Many thanks! |

# Acknowledgements

The authors would like to thank Herr Stein and the pupils of the Fritz-Steinhoff-Gesamtschule, Hagen, for their help in the making of this course.

The authors and publishers would like to thank the following for permission to reproduce copyright material:

**Ottifant Productions GmbH** for the two cartoons p. 13 and p. 85 from *Das Dritte Taschenbuch der Ottifanten*, Wilhelm Heyne Verlag, München; **Schroedel Schulbuchverlag GmbH**, Hamburg, for text and illustration on p. 40 from p. 86 *Die Welt der Zahl 5* by Dr Rinkens/Dr Wynands/G.Bongartz et al.

Photographs were provided by: **Ace Photo Agency/Fotostock International** p. 4, (b), (c), p. 70, p. 88; **Aspect Picture Library** p. 94 (a), 102 (Dresden); **Bridgeman Art Library**, p. 51 (A, C); **J. Allen Cash Photo Library** p. 45, p. 94 (c), (e), p. 102 (Köln, Berlin, Ulm), p. 51 (B), p. 104 **Christies Images** p. 51 (B); **Kobal Collection** p. 78; **Phantasialand** p. 94 (f); **Philip Parkhouse Photography** p. 18, 36, 43 (top), 63–64; **Robert Harding** p. 4 (a), (d), (e), (f); **Zefa** p. 94 (b), p. 102 (Leipzig, Hamburg); **Olga Vitale** p. 94 (d).

Remaining photographs are by Chris Ridgers and Rosi McNab. Many thanks to the headmaster, teachers and pupils of Gesamtschule Geistal, Bad Hersfeld, Germany for granting us permission to take photographs. Many thanks also to the staff/children/teenagers of the Jugendhaus, Bad Hersfeld, Germany.